OHSAMA BUNKO

空間心理カウンセラーの「いいこと」が次々起こる片づけの法則

伊藤勇司

三笠書房

はじめに……「部屋」を整えると、自然に開運していく不思議

皆さん、こんにちは。

空間心理カウンセラーの伊藤勇司です。

皆さんが部屋の状態を通して「自分の心や他者との関係性」に向き合い、それによって運を開いていけるよう、お手伝いをしています。

「部屋を整える」という表面的な結果を出すだけでなく、日常生活、人間関係、ビジネス、夢の実現など、あらゆることに応用できる「片づけの考え方」を日々、多くの方々に広めるべく、活動を続けています。


私は、場の「空気感」というものを、とても大切に考えています。

これまで、仕事を通じて、八千人以上のお宅やお部屋を見てきたでしょうか。

その中で気づいたことは、**幸せな人が住む部屋には、「幸せな空気感」が漂《ただよ》っているということです。**

私は神社が大好きで、全国各地に出張に出かけると、必ずその付近の神社にご挨拶《あいさつ》に出向くようにしています。神社という空間、その場が醸《かも》し出す空気感が、何とも言えず心地よいからです。

神社は、自然が豊かな地にあることが多いのですが、純然たる自然ではなく、そこに「人の手」が加えられている、「人が働きかけている」からこそ、あの独特の空気感が生まれているのではないか、と私は感じています。

同じように、**自分がいる空間に「自分から能動的に働きかける」**ことで、その部屋の空気感をよりよくしていくことができるのです。

「家を整える」「空間を整える」という行為を通して、自分にもまわりにも「いい影響」を与えられる自分へと成長し、その結果として**自然に開運していく**。これこそが、私が空間心理カウンセラーとして、日々のご相談を通して多くの方に体感していただきたいと思っていることなのです。

片づけを通して、私たちは「ありのままの自分」「自分の本当の望み」に気づき、「どうすれば自分が幸せになるか」を知ることができます。そして、片づけの過程で自分を成長させ、まわりの人にも「プラスの影響」を与えられる人間になっていけます。

だからといって、そんな変化を起こすために、「部屋を大改造してください」「徹底的に大そうじしてください」とお伝えするつもりもありません。

部屋のほんの一部分、一カ所を、一日五分、片づける……そんな程度で構わないのです。そのたった五分から、自分でも驚くほどたくさんの「気づき」を得られ、いつの間にか「自分にとっての快適な空間」が広がっているはずです。

そして、部屋を整えたその先に、**面白いくらい「開運」していた自分**がいることに気づくでしょう。

伊藤　勇司

もくじ

1章 部屋は「その人の運命」を映す鏡

……何より大切なのは「自分にとっての心地よさ」

2章

「幸せの素《もと》」が充満する空間とは？

……その場にいるだけで「気分もＵＰ！」する部屋のつくり方

3章

びっくりするほど運がつく部屋になる3ステップ

……自分のまわりに不思議なくらい「プラスの連鎖」が起きる！

4章

一日五分の片づけで空間にはゆとり、心には余裕！

……こんな方法なら、楽しくてやみつきに！

5章

自分の部屋が「パワースポット」に！

……「神さまのご加護」を３６５日いただくとっておきのコツ

6章

「人生の模様替え」が開くあなたの未来

……「感謝の気持ち」が溢れたとき、すべての光景が輝き出す

編集協力◎中川賀央

1章

部屋は「その人の運命」を映す鏡

……何より大切なのは「自分にとっての心地よさ」

1 自分にとっての「ベストな部屋」とは

この本を手にとってくださった皆さんは、部屋をきれいに整えることに興味がある方だと思います。

「部屋が散らかりすぎていて、何とかしたい！」

と思っている方もいれば、

「片づけは、わりと得意なのだけれど、もっといい方法を知りたい」

という方もいらっしゃるでしょう。

私はこの本で、「一分の隙《すき》もないほど、きっちりと整った部屋にしましょう」と提唱したいわけではありません。そうではなく、

「部屋は、あなたの心を映す鏡ですよ」

「あなたの心は、今、幸せですか？」

ということを皆さんに考えていただきたいのです。

自分が心から「居心地がいいなぁ」と感じる空間に身を置いていると、誰もが自分らしく生きられ、その結果として自然と開運していきます。

私は、こうした**「気持ちのいい空間」の持つパワー**を研究すると共に、多くの方に「空間を整える」ことをアドバイスする「空間心理カウンセラー」として、日々、楽しく活動しているのです。

「隅々まで片づいている部屋」がいいの？

いろいろな方のお宅にお邪魔して、その人にとっての**「ベストな部屋のあり**

にします。

方」を見つけるお手伝いをしていると、さまざまな気づきやドラマを目の当たり

なかには足の踏み場もないほど散らかった部屋、もので溢《あふ》れかえっている部屋に住んでいる方もいます。

一方、まるでモデルルームやインテリア雑誌に登場する部屋のような、隅々まで片づいていて、生活感がまったくない部屋に出会うことも意外と少なくありません。

後者なら、私がカウンセリングに出向く必要はないのでは、と思われるでしょう。ところが、こうした方のほうが、より深い心理的な問題を抱えていることが多いのです。

こういう部屋に住んでいる方々からの相談内容はというと、

「実は、子どもが自室に引きこもってしまって……」

「主人が家に寄りつかないんです」

「自分の部屋なのに、何だか落ち着きません」

といった具合です。

つまり、くつろげない、息苦しい、自分らしくいられない……そんな問題が起きてしまっているわけですね。

みんなが「自分らしくいられる」空間

一方で、そこまできれいに片づいているわけではないけれど、何だか居心地がよい「空気」が漂っていて、住んでいる人はみんな幸せそう……という部屋もあります。

自分たちが住みやすいように家具やものが配置されていたり、思い出の品が大切に飾られていたり……。部屋の状態から、「うまくいっている」感じが何となく伝わってくるのです。

そういうケースでは、「自分にとって」あるいは「家族みんなにとって」、何がベストかをわかったうえで、部屋づくりがされているのですね。それぞれに「居場所」がきちんとある様子も感じられます。

そんな部屋に住んでいる人たちは、自分らしくいられ、コミュニケーションも円滑ですから、パートナーともよい関係が築け、家族仲もいいのですね。

部屋を通して〝いい循環〟を起こすコツ

「心」と「部屋のあり方」には、不思議なつながりがあります。

「部屋をきれいにする」ことには、確かに、ある種の達成感がありますし、ある種の能力、たとえば情報処理能力、自己管理能力などが養われる面もあります。

でも、「片づけること」がゴールになってしまうと、なぜか問題を抱える人が少なくありません。

片づけは「乱れたところをきれいにする」行為。ですから、「片づけ」そのものをゴールにしてしまうと、対人関係で無意識のうちに「相手のダメなところを改善しよう」というアプローチをしてしまいがちなのです。すると、「改善されたくない」と感じた相手との間が、ギクシャクしがちになるのです。

「部屋をきれいにすること」は「ゴール」ではなく、「プロセス」。

あくまで皆さんが毎日を幸せに、自分らしく、充実して生きるための手段です。

繰り返しますが、私がこの本でお伝えしていきたいのは、**部屋を通して自分と向き合うことで「開運」していくコツ**です。

そして、まわりの人にもプラスの影響を与え、そこからさらに「いい循環」が次々生まれていく……そんな考え方です。

空間心理カウンセラーとして私が日々感じているのは、「自分が最もいい状態」でいることが、何よりの幸せである、ということです。

私は私の、あなたはあなたの価値観で生きている、片づけにおいても「私のやり方が正しい」「相手が間違っている」といった感覚で切り分けない。

まずは、この部分をしっかり理解していただいてから、読み進んでいただければと思います。

2 「部屋を整える」とは「自分の未来」を考えること

たとえば、年末の大そうじ。寒い時期に窓を拭《ふ》いたり、いらないものを処分したりするのは大変だし面倒くさいし、「できれば、やりたくない」ですよね。

でも、エイヤッとそうじを始めて埃《ほこり》や汚れを落とし、精を出していくうちに、部屋の空気もだんだん澄んでくる。玄関に正月用の花やお飾りを飾る頃には、なんだか清々《すがすが》しい気分になってきます。

「大そうじ」と「新年を気持ちよく迎えられる」ことがつながっているから、ちょっと億劫《おっくう》な大そうじにも着手できるわけですね。

同様に、**部屋の片づけができるようになると、「自分」と「未来」が自然な形でつながります。**

なぜなら、「片づける」とは、「自分の中の優先順位を決めること」だからです。

「今、この部屋をきれいに片づけることが、自分の未来にどう生きてくるか」が見えてくると、これまで何度も片づけに挫折《ざせつ》してきた人でも、面白いくらい部屋を整えていくことができるようになります。

「自分の人生にとって片づけは非常に意味のあるもの」と自覚できたら、心の底からエネルギーも湧いてきますし、行動力も変わってくるのです。

「きれいにしても、すぐに散らかる」の解決法

わかりやすい例を挙げましょう。

たとえば、主婦の方であれば、

「私がいくらきれいにしても、すぐに散らかってしまうんです」

というお悩みをお持ちの方が多いでしょう。

家族と個人の片づけには、明確に異なる点があります。

自分一人で住んでいる部屋であれば「自分がこうしたい」と決めたら、家具の配置にしろ、ものを置いておく場所にしろ、自分の希望通りにすればいいわけです。でも、家族で住んでいると、「家族みんなが幸せに過ごしていくためには、どうしたらいいか」といったビジョン、理念を持つ必要があります。

これは実は、会社を経営していくことと、かなり近いのですね。

まずは、お互いの希望・意見を出し合い、共有していく。そして、「お互いが最もいい状態でいられる」ためには、何をどうしたらいいか、すり合わせていくわけですから。

先日、相談を受けた女性は、

「ダンナさんに、週末、家にいられるのがイヤ」

とおっしゃっていました。子育て中の共働き家庭で、彼女は週末も家事で忙しい。少しは自分の時間がほしいし、ゆっくりしたい。でも、家族が家にいると、片づけもままならないから、いつまでたっても休めない……というのです。

ところがその後、子どもが「ポケモンGO」を大好きになったのをきっかけに、ダンナさんも子どものために「新しいポケモンを探しに行こう」と出歩くようになり、週末を家でダラダラ過ごすことがなくなったというのです。

そして、

「ダンナさんと子どもが出かけている間にそうじや片づけをしたり、自分一人の時間をゆっくりとれるようになって、ストレスが減ってきました！　ダンナさんと子どもが帰ってきてからも、家族の会話が弾むようになったんです」

と笑顔で話してくれました。

この話から私がお伝えしたいのは、「家族で一緒になって楽しむプロジェクト」が一つでも生まれると、結果として部屋の状況も整っていく、ということです。

「楽しい目標」ができると、部屋もスケジュールも自然に整う

たとえば、アウトドアが趣味で、週末はキャンプやハイキングに出かけるのが大好きな家族がいるとします。でも、週末には家事もやらなくてはならない。

そんな場合は家族皆で、「では、どうしたらいいか……」と「楽しいプロジェクト」として考えてみるのです。

すると、

「週末にキャンプに行くなら、前日までに家事を片づけておかないとダメだね」

「じゃあ、僕たちも手伝うよ」

「僕は何をしたらいい？」

となり、協力し合うことで家事も片づけもスイスイ進みます。こうして心おきなくキャンプに出かければ日頃のストレスも発散できてしまうでしょう。

つまり、キャンプに出かけること、そのために事前に家事を片づけることを

「家族のプロジェクト」として考えていくと、自然な形で「片づけがプロセスになる」わけですね。

この「楽しいプロジェクト」の目標は、ジョギングをするでも、映画を観に行くでも、何でも構いません。

大切なのは、**楽しいことを実現するためのプロセスとして、その前にやっておくべきことを考え、「優先順位」をつけて行動を起こす**ことなのです。

「優先順位」がはっきりしてくると、買い物一つにしても意識が変わってきます。必要のないものを何となく買うことも少なくなるでしょうから、部屋にものが溢れることも減って、片づけもラクになるでしょう。

また優先順位がつけられるようになると、部屋が整っていくばかりでなく、スケジュールの組み方や人づき合いの判断基準、時間管理の仕方なども、自《おの》ずと整ってくるのです。

結果として、なんだかスッキリした生き方になり、毎日を気分よく生きられるというわけです。

3 一日五分の「片づけ習慣」で思いがけないチャンスがつかめる！

私は、これまでの習慣や考え方、生き方の「結果」が、「今過ごしている環境」（部屋、デスクまわり）として表われていると考えます。

でも、だからこそ、「いい・悪い」を抜きにして、そうした「結果」が生まれてきた背景、つまり「どんな人生を過ごしてきたか」をひもといていくと、見えてくることがたくさんあると、日々のカウンセリングから感じています。

そして、自分の「今の状態」と「望ましい状態が実現した未来」がハッキリと認識できたとき、人は自ずと「いい方向」へと動いていきます。

成功哲学の本には、人生がうまくいくための概念やノウハウがよく書かれています。私も二十代の頃は、この種の本をたくさん読みました。

でも、「自分の望む未来」を理解し、「片づける」という具体的なアクションを起こすほうが、成功哲学の本を十冊読むよりも、ずっと効果的だと今では確信しています。

「望む未来」を意識すればスイッチが切り替わる

たとえば、本当に単純に、

「一日五分、机の上をきれいにする」

だけでも、いいのです。

習慣をたった一つ変える。

そして、そのたった一つのことを、毎日続ければ、それだけで、そこからいろいろなことが派生して「結果」が変わっていきます。

たとえば、「脱《ぬ》いだ靴は、必ず揃《そろ》える」と決めたとします。するると、たとえば職場の研修か何かで靴を脱ぐ、スリッパを脱ぐといったシチュエーションになったときも、他の人が何気なく脱いだままにしている靴やスリッパを自然に揃えられるようになるでしょう。

トイレ用の履きものが乱れていたのを、サッと直していたところを上司が見ていたとしたら、「オッ、あいつは見どころがあるな」と思うかもしれません。

そして、何かの機会に「君に例の仕事、任せたいと思っているんだ」と大抜擢《ばってき》してもらえるかもしれないのです。

私は、経営者の方たちともたくさんお目にかかりますが、「どれだけまわりに配慮した行動をとれるか」ということを上の人はよく見ています。

何気ない振る舞い一つから、「細かいところまで目が配れるか、綿密に考えられるか」を判断しているのでしょう。

一日五分の片づけ習慣が、思ってもみなかったチャンスを引き寄せる、というのは、決して大げさな話ではないのです。

4 シンプルに考える習慣が、シンプルな環境をつくる

「自分は小さい頃から本当に片づけが苦手で、絶対に直らないと思います」

と言う方もいるでしょう。

でも、大丈夫。

「自分は、片づけをする必要がある」と心から思えたら、誰でも一〇〇％、片づけをできるようになりますよ。

私のクライアントさんにも、

「ＡＤＨＤ（注意欠陥・多動性障害）と診断されているから、片づけは無理」

と言っていた人がいます。でも、私のカウンセリングを受けることで、それまでできなかった片づけが、今では普通にできるようになりました。

長い間、親やまわりから「ちゃんと片づけなさい」「どうして片づけられないの」と言われ続けてきて、「自分はダメなんだ、片づけられないんだ」と思い込んでしまっている人も少なくありません。

私自身、以前、ＡＤＨＤの自己診断をネットで試してみたことがあります。過去の自分を思い出しながらチェックをしていったら、一〇〇%、ＡＤＨＤという診断結果が出たのです。

でも、そんな私でも、今、普通に片づけができていますし、それどころか仕事にまでしているのです。

人間は「やろう」と思ったら、まず取り組む際の「意識」が変わっていきます。すると、行動が変わり、結果も変わっていくのだな、と自身を振り返ってつくづく思います。

私が意識している「散らからない」部屋

もちろん、人には得手・不得手があります。

そして、私はどちらかというと、片づけが苦手なほうです。

だからこそ、

「片づけが苦手だから、できるように努力しよう」

ではなく、

「できるだけ片づけをしなくてもいいやり方を見つけよう」

と考えました。

つまり、できるだけ苦手なことをやらなくて済むようなものとのつき合い方、人づき合いの仕方、時間の過ごし方を心がけるようにして、**生き方をシンプルにしていった**のです。

たとえば、「物理的な環境」については、持ちものは必要最小限にし、空間をできるだけシンプルに保つことを心がけています。

仕事についても、スケジュールをむやみに詰め込まず、「自分が望むこと」を最優先にしています。具体的に挙げると、メールだけで完了してしまう仕事も多いですが、それよりも、顔と顔を合わせてしっかりと「思い」を共有しながら仕事を進められる方たちとの時間を大切にしています。

つまり、すべての事柄において**「散らからないやり方」を意識**して、片づけの手間が増えないようにしているのです。

ものも仕事もやることも「厳選」する

机の上にものが増えるだけで、そうじをするときにものをどけなくてはいけない手間も増えるし、手間が増えるほど片づけるのもイヤになります。

また、「あまり気が進まない仕事」は引き受けないことで、後々起こるかもしれない面倒、トラブルを回避することもできるでしょう（何だか気乗りしないな……と思いながら始めた仕事は、かなりの確率で「面倒なこと」が発生すると思いませんか？）。

つまり、ものを厳選する、やりたいことだけをする……と行動をシンプルにしていくと、環境も時間もどんどんシンプルになり、整っていくのです。

おかげさまで、最近ではいただくお仕事の話も、ワクワクするような、本当に「チャレンジしてみたい」と思うようなものばかりになってきています。

自分の感覚、価値観、大事にしたいもの……それらを「軸」にして人生を組み立てていくと、その結果として「望む環境」が自ずと整っていくのです。

5 自分の「軸」をどこに置いていますか

部屋が散らかりがちな人の大きな特徴として、「自分の価値観を軸に生きていない」ことが挙げられます。

たとえば、テレビショッピングで、

「今、この化粧品がすごい！」

「百万個売れたダイエット商品！」

といった宣伝を見ると、つい欲しくなって買ってしまう。あまり気乗りがしない集まりにも、「皆が行くから、私も行かないと……」と参加する。

あなたにも心当たりがないでしょうか。

こうした行動に出るのは、「自分は、こうしたい！」という気持ちや価値観よりも、

「皆がいいと言っているから」

「まわりに合わせないと」

と、他人の意見・思惑を優先するからにほかなりません。

そもそも、「自分はどうしたいのか」ということを、これまでの人生で考えてこなかった人も多いように感じます。

親の言うこと、世間体、常識……「一般的な正しさ」を基準にして、何の疑問も持たずに生きてきたのでしょう。


たとえ世間の常識から外れることであっても、

「自分は、こうしたい！」

という意思を「軸」に人生を組み立てている人は、人生や環境がとり散らかる

ことも少ないですし、「自分」というワールドがしっかりできています。

私自身の例を挙げましょう。

私は本来、「どんな仕事でも引き受けたい」というタイプの人間です。

でも、「本当は、自分はどうしたいのか」と心に問いかけたときに、

「自分で自由に時間をコントロールしたい」

という思いが浮かんできました。

つまり、「家族との時間を大切にしたい」ということです。

そして、「自分が大事にしたいこと」の優先順位を具体的に洗い出し、その順位に沿って動いていくうちに、空間心理カウンセラーとしての「仕事のスタイル」ができあがりました。

「自分の軸は何か」を探求していく過程で、「片づけを通して、自分の人生を整えていく方法をお伝えする」というお役目を自覚するようにもなりました。

自分の「やりたい！」「こうしたい！」が大切

私のカウンセリングを受ける方は、九割くらいが女性です。

そこで感じるのは、女の人は、自分の意思を強く主張するよりも、「相手を思いやる」「相手に合わせる」方が多い、ということ。

たとえば、複数の人たちで集まり、何かを決める際、「どうされますか？」と聞いても、即答する女性は少なく、周囲の意見を気にする傾向が強いのです。

もちろん、その場に集まっているメンバーとの関係性などにもよりますが、「私はこう思います」「私はこうしたいです」とハッキリ主張される方は少ないように感じます。

なにも「自己主張しないとダメ」と言うつもりはありません。ただ、**自分の考えをハッキリ表明できるようになると、結果として人生は整っていく**と、いくつものカウンセリング経験を通して実感しています。

人の顔色をうかがうことなく、「自分の考えはこうです」と言えることは、いい人生をつくっていくための「大事なポイント」なのです。

とはいっても、「なかなか、それができなくて……」とまわりの空気をうかがってしまう方は少なくないでしょう。

そうした方たちにとっても、「部屋の片づけ」やそうじは、自分の「軸」を定めていくのに最適と思うのです。なぜなら、誰の目を気にすることもなく「自分の裁量」でものをしまう場所やそうじする部屋などを決められるし、自分の「こうしたい」を形として表わしやすいからです。つまり、片づけによって自尊心、自己肯定感を養っていけるということです。

家族がいたら、一〇〇%自分の思い通りにはできないかもしれませんが、「この棚を端っこに寄せたい」と思えば、すぐに移動できますよね？　そんな簡単なことでも、自分の「やりたい」を実現させていくプロセスを実感することができます。

特に、厳しい親、子どもへの期待の大きい親に育てられ、「親の言うことを聞かなくては」「お母さんを悲しませてはいけない」と、親の考えや期待に合わせて生きてきた方は、自分で意思決定することが、なかなかできないようです。

そもそも、どうしたら片づけができるのか、そんなことすらもわからなくなっている人が、本当に少なくありません。

「片づける」とは判断力を鍛えるレッスン

また、これは空間心理カウンセラーとして強く感じることですが、「親との関係」は、皆さんが思っている以上に、「部屋のあり方」に影響を与えています。

たとえば、「親のよかれ」に合わせてきた人は、「自分で判断する」という経験を積んでこなかったためか、あるものが自分の部屋にあることについて、いい・悪いの判断ができません。

「何かものを捨てようとするときも、すぐ『お母さんは、どう思うのかな？』という感覚になってしまうんです」

こんなふうに話してくれた女性もいました。

誰かに判断してもらわないと、ものの処分もできないわけです。

逆に、誰かが「これはいい」と言ったものは、無批判に「いい」と判断して購入してしまい、その結果、ものが増えていくことにもなります。

テレビやネットを見れば「これが、いい」という情報や広告が溢れていますから、気がつけばものが増えて、部屋がとり散らかっている……ということになるのです。

つまり、**「片づける」という行為は、「判断力」を鍛えるレッスンであり、「自分は、本当は何がしたいのか」「自分には何が必要なのか」に気づく作業**ということ。

「自分はこうしたい！」を軸にするようになると、眠っていた「自分らしさ」が次第に目覚めてきて、皆さん、イキイキし始めます。

これって、まさに「開運」だと思います。「自分が望むこと」を自分で実行していくから、運が開けていくのです。

6 「一点突破」は有効な作戦

カウンセリングをするとき、私は片づいていない部屋や、その当事者を否定することは決してしてしません。

強制的に、部屋をきれいにさせることもしません。

本人がきれいにしたいと心から望めば、自然に部屋は整っていくと、これまでの経験で確信しているからです。

以前、他の本にも書いたのですが、部屋の片づけをまったくしていなくて、キッチンが油まみれになっている知り合いがいました。

彼の部屋へは、仕事で行ったわけではありませんが、私の職業柄、どうしたものかとアドバイスを求められたのです。

でも、私は開口一番、

「別に、きれいにしたくなかったら、しなくてもいいと思うよ」

と、伝えました。

ビックリしている相手に、さらに続けました。

「でも、やろうと思ったらできるし、ほんのちょっと、片づけるだけでもいいんだよね」

そして、全面に油汚れがついている壁のほんの一部分を、手でこすってきれいにしてみました（彼の家にはそうじ道具が何もなかったからです！）。

「壁のここだけ、今こすったら、きれいになったよね？　本当に、これだけでも全然ＯＫだよ」

と、その一部分だけ、まる～くきれいにして帰ったのです。

すると何が起こったでしょうか。次に彼の部屋を訪れたときには、なんと壁一面がすっかりきれいになっていたのです。

「なんで、きれいにしたの？」

と聞くと、

「なんだか、他のところの汚れが気になっちゃって」

と言います。さらに、

「でも、片づけとか、そうじとか、『自分にはできない』って、言ってたじゃない」

とたたみかけると、

「う～ん、なんか気になって、きれいにしたくなっちゃって……」

と言います。よく見ると、ゴチャゴチャとものが溢れていたキッチン周辺も、少しずつ片づけている様子がうかがえました。

何十年も片づけていなくても、「その気になれば、できる」「やればできる」というい い例です。

多くの方たちが「完璧に片づけないとダメだ」と思っていますが、そんなことはありません。繰り返しますが、本当に一カ所でもいいのです。

一カ所でもきれいにすると、他の汚いところに違和感を覚え、それを解消したくなるのです。

よく**「一点突破」**と言いますが、片づけにおいても、「一点突破」は有効な作戦なのです。

「初動」さえ起こせたら、あとはたいていスムーズにいくはずです。

「極限まで散らかした部屋」から見えてくること

こんな面白いケースもありました。

私の友人であり、最初のクライアントでもある男性の話です。

彼は、片づけ本を何冊読んでも、一向に片づかない、片づけてもまたすぐに散らかってしまう……と悩んでいました。

アドバイスを求められた私は、友人の部屋に行くなり、こう言いました。

「散らかすのが得意なら、一度、思いっきり散らかしてみよう！」

そして、家にあるものを棚の上や引き出しから取り出し、床一面に広げて、散らかしてみたのです。

「はい、終わり。あとは自由にしていいよ」

と私が言うと、

「いや、そんな……」

と彼はかなりとまどっていました。

「でも、散らかすのが得意なんだよね。それなら、今の散らかった状態のままでいいんじゃない？」

すると、

「やっぱり、この状況はイヤだしなぁ」

と、彼はものを整理し始めたのです。

そこですかさず、

「あれ？　片づけ、できてるよね」

と言って、カウンセリングを続けました。

そして、床一面に散らかったものを片づけていく過程で、「ものを減らす」ことが自然な形でできていったのです（彼とは友人だったから、こんな派手なアクションをとりましたが、普段のカウンセリングでは、ここまで激しくはしませんので、ご安心を！）。

「片づける能力が自分にはない」とあきらめている人は多いのですが、実はそんなことはないのです。

私の友人も、その後、どんどん部屋が片づいていき、結局、もっと気持ちのいい部屋に引っ越して、すっかり「片づけるのが得意な人」に変身しました。そして「片づけ本」もバッサリ処分しました。

私は「片づけのノウハウ」など、何一つ彼にレクチャーしなかったのに、です。

ただ、「自分は、本当はどうしたいのか」に向き合ってもらっただけなのです。

私がまず、「部屋を散らかすこと」を肯定した。

そして、極限まで散らかした状況で、「自分はこれから、本当はどうしたいのか」を考えてもらった結果、パチッと意識のスイッチが切り替わったのですね。

7 「足下」から開運していくコツ

禅に「脚下照顧《きゃっかしょうこ》」という言葉があるそうです。

まず、自分の足下をよく見なさい、そこが基本ですよ……そんな意味の言葉だそうです。

私は、事務所にいるときは、朝、玄関から始めて、すべての床を磨いています。それも毎日。まずは、足下から磨いていき、テーブルやその他のところも磨きます。

なぜ、毎日、床磨きをするかというと、「空気感」が断然、変わるからです。

これは不思議なのですが、掃除機をかけたり、から拭きをしたりでは、こうした変化は現われません。「雑巾《ぞうきん》で水拭きをする」と起こる変化なのです。

これは、もしかしたら「水のお清め効果」が関係しているのかもしれません。

あるクライアントの方は、玄関を水拭きした直後にそこを通ると「自分がレッドカーペットの上を歩いているみたいな気分になるんです！」と言っていましたが、それくらい何とも言えない特別な空気感が生まれるということです。

よく、鏡とか窓とか、光を反射したり、光が入ってきたりするところは念入りに磨きましょう、と言われます。日々、実践している方も少なくないでしょう。

でも、僕は、**汚れが溜まりやすい床からきれいにしていくと開運につながると**思っています。

つぶれかけた飲食店が「床磨き」で繁盛店に！

実際、自宅をサロンにされている方や、商売をしている方には、「とにかく床磨きをするように」とアドバイスをしています。

特に「集客」という意味では、床磨きには即効性があるようです。実践されたクライアントさんは、一様に、「すごいです！」とその効果を報告してくれます。

以前、つぶれかけている飲食店を再生するというテレビ番組を観ていたら、風水の先生が出てきて指導していたのですが、最初に言っていたのは、**「床をピカピカに磨きなさい。まずはそれだけでいい」**ということでした。そして、床を磨いた結果、お客さんの入りが本当に急増していったのです。

足下、つまり「自分が拠《よ》って立つ場所」がいい状態かどうかを、人は本能的に察知します。「安全な場所にいたい」という絶対的な感覚が人にはあるからです。そして、床磨きをすることで、「ここは安全な場所なのだ」ということが、お客さんたちに伝わるのだろうと思います。

油汚れでベタベタしていて、うっかりするとスベってしまいそうな床のお店に足を踏み入れたいと思う人はまずいないでしょう。

よく「地に足がついた生き方をせよ」と言われますが、そこを意識して、いつも忘れずに行動できる自分であるためにも、日々の床磨きを実践していただけるとよいと思います。

何より、「毎日、床を磨く」ことによって「場」の空気感がよくなると、そこにいる自分自身がいい状態になります。

「自分が床を磨いたことで、いい状態になった」――そんな自覚も、人生全体にきっとプラスにはたらくはずです。

2章

「幸せの素《もと》」が充満する空間とは？

……その場にいるだけで
「気分もＵＰ！」する部屋のつくり方

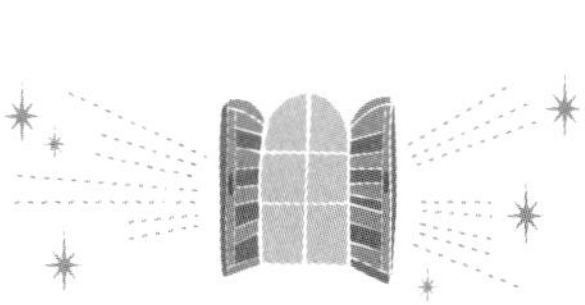

1

自分の「好き」を集めるだけで心も部屋も整っていく

今のように「片づけ」の仕事をする前、私にも部屋が片づかず、かなり荒れた状態になっていたことがあります。

ちょうどその頃は、引っ越し屋さんをしながら、心理学を学んでいました。あるとき離婚する方の引っ越しをお手伝いさせていただく機会があったのですが、そのご夫婦の部屋もずいぶん荒れていました。

自分の部屋も同じじゃないか……。すぐにそう思いました。実はそのとき、恋人だった現在の妻との関係がうまくいかず、危機を迎えていたのです。

でも、私が伝えたいのは「部屋が汚いと、夫婦は離婚するよ」という運命的な話ではありません。

そうではなく、この経験から、本書を読んでいるすべての皆さんに共通する、**「部屋というのは、自分の心を映し出す鏡である」**という法則に気づいたということなのです。

「ならば、自分が住んでいる部屋と、きちんと向き合ってみよう。自分自身の問題に気づくことにつながるかもしれない」

私はそう思いました。

「狭い部屋にものがたくさんある人」の心理

そこで、自分の部屋が、なぜそんなに散らかっているのか、考えてみることにしました。

すぐに気づいたのは、**「狭い部屋にものがあり過ぎる」**こと。しかもそのほとんどは、当時の自分に何の役にも立っていません。

では、なぜそれらを持っているのか。一つひとつ吟味《ぎんみ》してみると、**「自分に自信がないからだ」**という事実に気づいたのです。


たとえば、資格取得のための教材です。

当時の私は、自分の店を開業したい、それで成功したいと思っていました。具体的なアクションは何一つ起こしていなかったのですが、「店を出したときに役立つから」と、取得を考えていた資格の通販テキストが大量にあったのです。

加えてビジネスのハウツー本も山ほどありました。これらは結局、「手元に置いておくことで、自分を安心させるため」だけの本だったのです。捨ててしまったら、「自分の望み」が絶たれるようで怖かったのです。

さらに、通販で買ったほとんど使っていない健康器具。これも「自分の体に自信がない」という理由で持っていたのです。これらの器具を持っているだけで、自分が強くなるように錯覚していただけなのですが……。

結局、これらの本も健康器具もすべて捨てることになるのですが、重要なのは「部屋から余計なものがなくなる」ことではありません。「それらを持たずにはいられなかった自分」に気づくこと。これが何よりも重要だったのです。

「溜め込んだ本」が語っている心の声

ある主婦の方は、部屋に溢れかえる本を捨てられず、なかなか片づかないことが悩みでした。その数、五百冊。

でも、仕事の資料が必要なわけでもない主婦の方が、どうしてそれだけの本を持っていたのでしょう。

実は会社勤めをしているダンナさんのお給料がよくないので、「自分も何かをして、稼いだほうがいいな」と思っていたとか。それで、ビジネスの本や起業の本、投資の本などを買い込んできたということでした。

「捨てなきゃいけないんですけどね……」

と、どこか煮え切らない様子です。そこで、

「本当に起業をしたいと、思っていらっしゃるんですか？」

と聞くと、曖昧《あいまい》な返事しか返ってきません。

よくよく聞いてみると、そこまでバリバリ働きたいと思っているわけではありませんでした。ただ、「お金がないから、起業して稼がないといけない」という思いにとらわれていただけなのです。

「好きなこと」以外は手放していい

そこで、私は本棚から全部の本を出し、段ボール箱を一つ用意し、こうお伝えしました。

「ここにある本の中から、自分が本当に持っていたい本だけを、箱の中に入れてみましょう」

「箱に入れなかった本を処分するかどうかは、考えないでください。捨てなくて

もいいので、とにかく『どうしても手元に置きたい本だけ』をふるい分けてしまいましょう」

私にうながされ、彼女は本を一冊ずつ見て、ふるい分け始めました。

結局、五百冊あった本のうち、箱に入ったのは三十冊くらい。その三十冊を見ると、彼女が本当に望んでいたことが私にはすぐにわかりました。

箱に入っていたのは、ほとんどが趣味関係の本。それも手芸作品の写真がたくさん載った、ムックのようなものばかりだったのです。

「手芸がお好きなんですね？」

「そうなんです。好きだから、こういう本は捨てたくないなあ……」

でも、話を聞くと、最近は投資とかビジネスのセミナーなどに出かけることに忙しく、手芸をする時間がほとんどなかったとのこと。

「じゃあ、久々にやってみたらいかがですか？」

と私はアドバイスして、その方のお宅をあとにしました。

その後、彼女はどうなったでしょう。

結局その方は、箱に入れなかった大量の本を、思い切って捨ててしまいました。本のふるい分けをしているうちに、「確かに、収入は多くはないけれど、別に生活に困っているわけでもないし……」と思えてきたそうです。そして、セミナーなどに行くのを控え、代わりに趣味の手芸を再開したのです。

すると不思議なことに、「お金の不安をなくしたい」という焦りに似た望みも、少しずつ解消されていきました。

まず、セミナーに行かなくなり、それだけでもお金に少し余裕が生まれました。さらに、手芸の作品をインスタグラムなどに投稿したら、「手芸をやってるんだ。私にも教えて！」と声をかけてくれる友人や知人が結構いて、手芸教室を開くことになりました。

そして「ダンナさんの稼ぎが悪い」という不満から険悪になっていた夫婦仲も改善されていったそうです。家庭がうまくいくと、ダンナさんも仕事に集中できるようになり、お給料だって上がっていくかもしれませんね。

2 「幸せなお金持ちの家」で学んだ片づけの極意

離婚される方の引っ越しのお手伝いに加え、私に**「片づけ」の極意**を学ばせてくれた機会がもう一つあります。

それは、「お金持ち」と言われる方の部屋の片づけを手伝ったときのことです。

引っ越し業をしているとき、いわゆる「成功者」「お金持ち」と呼ばれる人のお宅を見る機会が多くありました。そのときに気づいたのが、「成功者」「お金持ち」が皆、幸せというわけではないということです。

大企業の重役、会社経営者、著名な俳優など、「お金持ち」であり「成功者」

と呼ばれる方の引っ越しを手伝ってみると、「成功してお金持ちになる」＝「幸せになれる」というのが誤解であると気づかされたのです。

彼らは、欲しいものは何でも手に入れられます。でも、部屋にある高級なオーディオも、ワインクーラーも、あまり使っているように見えないし、大事にしている様子もありません。部屋に帰ることもほとんどないようでした。

そういうお宅では引っ越しの際、私たち引っ越し業者がかなりたくさんのものを捨てることになります。

「一体、この方は普段、どんなことを楽しみにしているのか」――日常生活が、まったく想像できない人も多かったのです。

一軒家から高層マンションに引っ越すようなシチュエーションで、引っ越しの手伝いに来てくれる人が誰もいません。家族や友人の姿がまったく見えないのです。それは、「人間関係に問題を抱えているサイン」のようにも思えます。

また、妙に神経質だったり、セキュリティを気にしてビクビクしていたりと、相当なストレスを抱えていることが傍目《はため》にもわかる方も多くいました。

こうした経験から、漠然と「成功者になりたい」と思っていた自分が、いかに浅はかだったかを思い知らされました。

大切なのは「その人らしさ」が溢れていること

もちろん、「お金持ちの成功者」の中にも、お住まいを見るだけで「本当に幸せそうだな」と羨《うらや》ましくなるような方もいらっしゃいます。

彼らはいったい、どんな家に住んでいたのでしょうか。

確かに、大きな家であることは事実です。広くて美しい庭があり、外観もとてもおしゃれです。ただ、豪華な家具が大量にあるかといえば、そんなことはありません。むしろ家具や装飾品のようなものは少なく、とてもシンプル。**ものがあることよりも、むしろゆとりある空間を大事にしている**ことが想像されます。

そして私が何より大切だと感じたのは、**「その人らしさ」が、家や部屋にきちんと醸し出されている**ということです。

たとえば、あるお金持ちの方のお宅には、一目見ただけでは「これ、ゴミじゃないの？」と思ってしまうようなものが置いてありました。

「これ、どうしますか？」

引っ越すのを機に、捨てたほうがいいのでは……と思ってうかがってみました。するとご主人は、

「これは持っていくよ。独立したときに『お守り』のようにしていたものだから、いつまでも大事にしていたいんだ」

と答えました。なるほど、高価なものには見えませんが、よく見ると埃が溜まるようなこともなく、とてもきれいに手入れされています。

他にも部屋にあるものは、すべて**「自分が好きなもの」**であり、**「ずっと大切にしているもの」**ばかりでした。

「大切な思い出の品」を戸棚の中にしまいっぱなしにしたり、埃を被《かぶ》ったままにしている人が多い中、「幸せなお金持ち」たちは、普段からそれらを身近に置き、大切に手入れしていたのです。

〝生命感〟に溢れる幸せな家を築ける人

あらためてその家のご主人を見れば、愛する家族に囲まれ、とても楽しそうに暮らしています。

部屋には生命感が溢れ、家庭にも活気が満ち、「その空間にいるだけ」で自然と心地よくなる——そんなお宅でした。人は誰でも「自分の好きなもの」に囲まれた快適な環境で暮らせば、このような幸せな状態になるのだろうと思いました。

彼らが「幸せなお金持ち」なのは「お金がある」からではなく、むしろ、「自分の好きなもの」だけを大切にする環境をつくってきたから、結果的に「幸せなお金持ち」になったのだと思います。

「自分が大切にしているものを、純粋な気持ちで大切に扱っている」と、人は自然に自分が「望む人生」を歩んでいけるのでしょう。

3 空間の〝あるべき状態〟を知る方法

では、自分のいる空間を「そこにいるだけで、自然と心地よくなる」環境に整えていくためには、具体的にどのように片づけていけばいいのでしょうか。

やり方をお伝えするので、実際に、普段自分が使っている机の引き出し、あるいはダッシュボードなどの引き出しを一つ分、片づけてみましょう。

やることは非常にシンプルです。

①引き出しの中のものを、全部出す
②出したものを、一つひとつ確認する
③「再びその引き出しに戻したい」と思ったものだけを、引き出しに戻す

以上です。

引き出しに「戻さない」と決めたものには、捨てるものもあれば、「ここに入っているべきでない」と考えたものもあるでしょう。

捨てると決めたものは、すぐにゴミ箱に入れてしまえばいいのです。ただし、「必要のないものは必ず捨てましょう」と言うつもりはありません。「必要はないけれど、とっておく」ものがあってもよいのです。

また、「ここに入っているべきでないもの」は、別の場所に移せばいいし、さしあたり置き場所を〝保留〟にしておいてもいいでしょう。

「今の自分に必要なもの」の確認作業を習慣に

これが言うなれば「片づけの基本」であり、このシンプルなアクションをするだけで、いくつもの発見があるでしょう。

そもそも普段使っている机の引き出しなのに、「全部出してみるまで、どんなものが入っているか、ほとんど覚えていなかった」という人も多いはずです。これは〝自分を少し見失いかけている〟状態だと私は思います。

「引き出しに入っていたもの」を手にとり、一つひとつ確認していけば、それをしまったときの〝感情〟を思い出すはずです。

たとえば「今度の休みは海外に行きたいな」と思って集めておいた旅行のパンフレットが出てきたとします。

「忘れていたけど、そうだった。やっぱり行ってみたいなぁ～」

という気持ちが再び起こったのなら、ひとまずパンフレットを手元に置いてお

くのもいいでしょう。パンフレットを再び目にしたことで、

「旅行の計画を立てなくちゃ」

「英会話もブラッシュアップしようかな」

「本屋さんでガイドブックも買ってこようか」

と新しいアクションを起こしたい意欲が、湧き起こってくるはずです。

でも、もし今はもう興味がなくなっているのであれば、パンフレットを捨てればいいのです。


このように、**片づけとは「自分の過去」を掘り起こして、「今の自分に必要なもの」を確認していく作業**なのです。

決めるのは一つひとつのものの「住所」

さて、私が普段からアドバイスしているのは「片づけ」であって、決して「そ

うじ」でも、「整理整頓」でもありません。

もちろん、結果的にはそうじをすることになるし、整理整頓もされていくでしょう。しかし、「きれいにすること」そのものが目的ではないし、すべての人が「効率的に物事が運ぶ整然とした状態」を目指す必要もないのです。

たとえば、私の知り合いの編集長さんで、社内でも有名なほど机の上が雑然とした方がいます。でも、本人はどこに何があるかわかっていますし、その混沌《こんとん》とした中からインスピレーションが得られるそうです。そして何より、彼がつくる本は軒並みヒット作だとか。

だから、傍目には散らかっていても、彼にとってはそれが机の上のあるべき状態なのですね。

片づけが苦手な人は、総じて「きれいにしなきゃ」とか、「見た目が整っている状態にしなくては」と考えます。

そして、「散らかっているものをどこか目に見えないところに収納しなければば」と考えて、それらを雑然としまい込んでいる。だから、表面上はきれいでも引き出しやたんすの中は大混乱という状態になっていきます。

さらに、「整理整頓しよう」とすると、「この引き出しには、仕事関連のもの」「この引き出しには、家族のもの」と、分類することを先に考えてしまいがちです。

もちろん、そういう方法もありますが、結果的に仕事関連のものを収納する場所がいっぱいになって、「家族のもの」をしまう場所を侵していき、しまえなくなった「家族のもの」や、どちらに仕分けするか悩むものが溢れてきて、うまくいかない場合が出てきます。

だから最初から、完璧な状態なんて目指さなくていいんです。

引き出しの中にあるものを出して、戻すものを選別する。

戸棚の上に置いてあるもののうち、何を残すか選別する。

たったこれだけのアクションで、引き出しや戸棚の上の**「あるべき状態」**がい

ったん把握《はあく》できます。すると、

「あっ、これは机の引き出しにしまわなくちゃ」

「戸棚の上に戻さなくては」

と意識できるようになっていきます。

「あるべき状態」さえ押さえてしまえば、「片づけられた状態」が自然とキープできるようになっていきます。

4 「捨てればいい」と割り切れない感情も大切に

また、「片づけをしましょう」と言うと、まず「捨てる」ということをイメージする人は少なくありません。特に「断捨離」が流行《はや》ってからは、「不要なものは、何でも捨てたほうがいい」――そんな風潮もあるようです。

私の場合は「『捨てる』を前提に考えないでいいですよ」と強調しています。

「この服はもう着ていないけど、捨てたくない」

「必要ないけど、捨てるのは躊躇《ちゅうちょ》する」

というものは、必ず誰にもあります。

それはやはり**「ものに付随する思い」**が、必ずあるからです。

「買うとき高かったからなあ」「初デートのときに着たんだっけ……」そんな思い出の品を無理に捨てることはありません。

「捨てる・捨てない」の二択で考えず、**「捨てる・残す・わからない」**でも、まったく構わないのです。

「残すべきもの」がクリアになると心の風通しもよくなる

ただし、「捨てたくない」ならば、「残す」理由を自分できちんと押さえておくこと。

そうすれば「ふるい分け」ができるようになります。

クローゼットの服の片づけの例で考えてみましょう。「クローゼットの片づけ」とは、クローゼットの中に「今着ているもの」を入れ、「今着ていないもの」はクローゼットの外に出すという作業です。

クローゼットの中のものをすべて出し、服を一つひとつ見て、「今着ているもの」を戻していく。そして、「今は着ていないからクローゼットの中には戻さないけれど、捨てない」ものは、段ボール箱などにひとまとめにしておくのです。

不思議なもので、人は「今、使ってはいないけれど、捨てないでおくもの・残しておくもの」を認めると、かえって捨てるべきものを、スッパリと捨てやすくなるのです。

それは**「残すべきもの」がハッキリしてくる**からでしょう。

逆に、未練があるのに「もう使っていないし、今後も使わないから」と処分してしまうと、片づけたあとで心にモヤモヤが残ったり、後悔したりします。未練や後悔が残る部屋に、あなたは果たして愛着を持てるでしょうか。

いくらスッキリ片づいていて、「部屋の見た目」がきれいになっても、住んでいる人の「愛」や「思い」が感じられない部屋では、幸せにはなれないのです。

5 「自分の快適」ファースト！　つられて運も開けていく

片づけとは、「リモコンはここに置く」「書類はここに入れる」など、**ものの定位置（住所）を一つひとつ決めていく作業**です。

その上で**「より自分が快適になる状態」**を目指していくと、自然と運が開ける部屋になっていきます。

「ソファは、どんな場所にあると心地がいいか」
「壁にどんな絵がかけてあると気分が高揚するか」
「机の上には、何が置いてあると気持ちがいいか」

「ペン立ては、どこに置いてあればスッキリするか」

などなど、「自分にとっての快適な状態」を一つひとつ決めていけば、最後には「理想的な部屋」「気持ちのいい空間」ができあがります。


もちろん、いきなりパーフェクトを目指しても、なかなかそうはいきません。ようは目の前に出したものを「どこにしまうか」と考え続け、試行錯誤していけばいいわけです。

「自分が望むところ」に最短で到達する部屋とは

先にお話ししましたが、「部屋は、自分の心を映し出すもの」。

だから部屋が「自分の望む状態」に近づいていけば、自分自身も「自分が望むところ」に向かっていき、ひいては運が開けていくのです。

なのに多くの人は、他人からの情報に振り回され、自分が快適とは思えない形に部屋をつくり変えてしまいます。

たとえば、「お金を一千万円、貯める！」とか、「私は幸せ！」「私は素晴らしい」などの言葉を紙に書いて、壁にペタペタと貼り付けている自己啓発好きなクライアントの方は少なくありません。

「目標や願いごとを書いた紙を壁に貼って、毎日のように見ていれば、その通りになると本に書いてあったから」

と、決まって言われますが、紙が古くなって黄ばんでいたり、貼っているセロテープに埃などがついていたりして、失礼ですが「夢が叶いそう」というより、「汚い」という印象しか受けません。

「あの文字を見て、元気になるんですか？」

そう聞くと、だいたい、こんな返事が返ってきます。

「いや、ほとんど毎日、気にかけていませんね。貼ったときは、やる気満々だったんですが……」

「紙に目標を書いて貼っておけば、それは実現する」という理屈が本当だったとしても、意識から完全に遠のき、壁の汚れと変わらない状態なのであれば、効果などほとんど期待できないはずです。

むしろ、「お金を貯める……」「私は幸せ！」といった表現が、「ああ、自分はお金に困っているんだな」「幸せと縁遠いんだな」という思いを潜在意識に植えつけてしまうのではないでしょうか。

たとえば「お金を貯めたい」と願っているのであれば、もっと自分の気持ちを盛り立ててくれるような〝ビジュアル〟を活用してはいかがでしょうか。

大富豪になったら所有したいと思えるような「海岸に建っている美しい家」のポスターを貼ってみるとか。

「私は幸せ！」という文字を書いて貼るのでなく、「見るだけで幸せを感じるような絵」を貼る。

あるいは「私は素晴らしい」という文字を書いた紙でなく、「自分が素晴らしくなったとき」のイメージ写真を飾ってみる……。

そんな工夫をするほうが、願いごとを叶えるために何倍も効果的だと思うのです。

6 「運も居心地もいい部屋」の青写真を描いておく

「自分が、いい気分になる状態」を知っていれば、「片づけ」は、とても簡単です。つまり、「気分のよくない状態」から「いい気分になる状態」に戻していくだけでいいのですから。

ただ、その「いい気分になる状態」を、認識していない人が多いのも事実。もちろん、片づけながらそれを探っていくのも一つのやり方ですが、普段から「いい部屋の状態」をイメージするだけでも、片づけの手軽さは違ってきます。

イメージするのは、決して難しいことではありません。部屋全体の青写真を描

くのではなく、

「机の上には何があると気持ちがときめくか」
「机に座っているときに目にする正面の壁は、どうなっていたらうれしいか」
「本棚のいちばん目立つ場所には、どんな本が並んでいたら気分が上がるか」

などなど、場所ごとに具体的に考えていけばいいのです。

なぜ私は「姓名判断の鑑定書」を目立つように飾るのか

私の場合を言えば、机の上には、姓名判断をしてもらったときの鑑定書を置いています。

「『伊藤勇司』という字画がとてもいい」とお墨つきをもらったことが自信にもなっているので、鑑定書のまわりには極力、他のものは置かず、目立つように飾っているのです。

それから、私は観葉植物が好きで、そばにあるとリラックスできるので、仕事をしているデスクの横にはグリーンを置いています。この観葉植物のまわりにもものを置かないことをルールにしているので、デスクの横に書類や郵便物があふれかえる……といったことはありません。

このように、**「自分が好きなもの」が「どこにあったら、うれしいか」と考えていくだけで、居心地のよい部屋に整っていく**のです。

整っていく過程で、「こんなものがいつも目にふれていたら、うれしいな」と思うものがあれば、追加してください。

捨てたり、処分したりすることだけが、片づけではないのです。

「家族の生活スタイル」をワクワクしながら話し合うだけで……

家族と一緒に住んでいる方であれば、「自分がここにいて」「パートナーがここにいて」「子どもがここにいて」と、リラックスした時間を過ごしているときに皆がどこにいるか、その位置をイメージしてみるのも一つの方法です。

たとえば、居間にある小さなソファを、「邪魔だから」と処分したとしましょう。

すると、そこに座ってゲームなどをしていたお子さんは居心地がよくないため、夕食のあとすぐに自分の部屋に引っこんでしまい、家族のコミュニケーションが希薄になってきてしまった……クライアントさんからこんな相談を受けたこともあります。

また、「ダンナさんが煙草を吸うスペース」を奥さんがなくしてしまったばかりに、ダンナさんが家に真っすぐ帰らず、一服するために居酒屋に寄り道するようになり、帰宅時間が遅くなってしまった……なんていうケースもありました。

このときはベランダに「喫煙スペース」をつくることで一件落着したのですが、

「家族の生活スタイル」をきちんとイメージできないと、「皆が楽しく過ごせる部屋」は、つくれないのです。

だからこそ、「こうだったらいいな」というイメージを楽しくふくらませていき、家族のいる方は皆で話し合うことが大切になります。

皆で「こんな部屋だったらいいね」というイメージを、ワクワクしながら話し合う。それだけで何となく、「楽しい場」になると思いませんか？

3章

びっくりするほど運がつく部屋になる3ステップ

……自分のまわりに不思議なくらい「プラスの連鎖」が起きる！

1 たった「これだけ」で、部屋は劇的に変わる！

本章では、「片づけ」の具体的な方法について考えてみます。といっても、基本的には、次の三つの手順を、部屋のあらゆる〝部分〟に対して繰り返していくだけです。

ステップ①ものを出して、ふるい分ける
ステップ②磨く
ステップ③定位置を決めて戻し、その状態をキープする

「磨く」という部分が加わったほかは、前章で紹介した「引き出しの片づけ方」と同じです。まずは中に入っているものをすべて出して、その一つひとつについて検討し、いらないものは捨てる。そして、ふるい分けて残ったものを戻したら、その状態を「あるべき状態」と決めて、それをキープしていきます。

「部屋全体を片づけよう」などと、大がかりに考えないこと。あくまで「部分」を意識してください。

たとえば、引き出し一つ、本棚の棚一つ、といった具合です。あるいはもっと手軽に、「机の上に雑然と積み上げてしまった書類を片づける」でも構いません。

ただし、どんなに小さなスペースだとしても、この「三つのステップ」は確実にこなすこと。

次から、それぞれの考え方について述べていきましょう。

①「自分にとって大切なもの」を吟味する時間

ものを出して、ふるい分ける

まずはステップ①の**「ものを出して、ふるい分ける」**です。

これは、「片づけたい場所にあるものをいったん全部出して、一つひとつ吟味する」という作業。

本棚、キャビネットや机の中など、片づけたい場所にある〝すべてのもの〟をテーブルの上などに出し、**「それが自分にとってどんな意味を持つのか」**を一つひとつ確認していきます。

それを捨てるにしろ、とっておくにしろ、「自分にとって、どれだけ大切なものなのか」を考えていくのです。

「バージョンアップした自分」が手放してもいいもの

たとえば、「卒業アルバム」。ページを開けば楽しかった当時の日々が、ありありと記憶によみがえってくるから、これはとても大切なものだ……。

その気持ちは、よくわかります。でも、その大切な卒業アルバムを、あなたは年にどれくらい、開いて見ることがあったでしょうか。

出してみなければ、それがあることを思い出すこともなかったかもしれません。

もちろん卒業アルバムは、特別な記念として与えられるものであり、それを「捨てる」というのは、極端な話でしょう。

しかし旅行のときの記念品、誰かにもらったお土産、感動した本など、「とても大切に思っていたけれど、今の自分には必要ないもの」は結構あるのではないでしょうか。

「あのときから、自分は成長したんだ」

「自分は今もバージョンアップしている」
そう考えれば、それらのものを前向きに手放すことができるかもしれません。

「いちばん大切なものを、いちばん大切にする」練習

「それは自分にとって、本当に大切かどうか」を一つひとつ吟味していく作業は、人生にとっても大事なトレーニングだと私は思っています。

「いちばん大切なものを、いちばん大切にする」という単純なことが、人は案外とできないでいるからです。その結果、優先順位がおかしくなって、「こうなりたい」と望んでいる人生から遠ざかっていきます。

現在の妻と恋人だった頃、破局状態だったときの私が、まさにそんな感じでした。

言葉では「君のことが大切だ」とパートナーに伝えてはいても、行動がともなっていなかったのです。

いつも仕事を優先していたり、一緒にいる時間も仕事のことをずっと考えていて、彼女が話しかけてきても上の空だったり……。彼女の気持ちに寄り添うこともしていない状態でした。彼女の心が離れていってしまったのも、当然のことだったと思います。

「自分が大切だと思っているものを、大切にし続けていくこと」を、毎日の生活の中で実践していくのは、とても難しいのです。

「家族を幸せにしたい。そのためにも自分が頑張らねば」と仕事に精を出し、成功者になった人が、気づいたら家族と心が通じなくなっていた。

幸せになるために仕事をしていたのに、いつの間にか自分の時間がほとんど持てないくらい、会社に束縛されていた。

こうしたことは、「自分にとって、いちばん大切なもの」を意識することを忘れてしまった結果なのです。

ものについても同じです。十年前に読んで、自分に夢を与えてくれた本は、手元に置いておくことで今も勇気を与えてくれるでしょうか。数年前に旅先で買ったアクセサリーは、今も身につけることで、幸せな気分をくれるでしょうか。

片づけの時間を通して、自分の心に問いかけてみてください。

② 磨く 「心の汚れ」までスッキリ落ちていく不思議

さて、ものを出して「ふるい分け」をしたあとは、ステップ②の「磨く」です。

もちろん本など、紙でできたものに「磨く」という表現はおかしいので、その場合は「拭く」ですが、とにかく**「汚れを落として、きれいにしてからしまう」**ということです。

「当たり前のこと」に聞こえるかもしれませんが「磨くこと」がどれだけ楽しく、どれだけ感動的なことかを知りたいなら、とにかく実践あるのみです（章末のコラムにも「お金を磨いて開運する方法」をご紹介していますので参考にしてください）。

「磨く」という行為は非常に単純で、実行すれば、ものは必ず以前の状態よりきれいになります。

しかも、時間をかけて、心をこめて磨けば磨くほどきれいになるので、コツコツと積み上げた**「労力」と「結果」が比例する**、とてもわかりやすい行為といえるでしょう。

しかも、**達成感から心までスッキリする**というおまけまでついてきます。

「磨く」ことについて、私はいつもこんなふうに言っています。

「たった一つだけで構いませんから、徹底的に磨いてみてください！」

すると、「一つだけでいいならやってみようかな」と、皆さんの顔がパッと輝きます。

徹底的に磨くとは、そのものを買ったときの状態、あるいはつくられたときの状態に、できるだけ戻すということです。そういう状態になれば、「磨く」という行為はパーフェクトに達成されたことになります。

たとえば、身近なところで、キッチンのシンクまわりを片づけて、調理器具やシンクを磨くとします。

マメな人はいつもササッと磨いて、ある程度はきれいに保っているかもしれません。ですが、そうしたルーチンのそうじでは、さほど大きな感動はないでしょう。

そこで「今日は徹底的にやろう！」と決め、普段は目につきにくいところの汚れも落として、磨くことに徹してみるのです。

別に、特別な洗剤を使う必要はありません（私は、水につけてこすれば洗剤を使わずに汚れを落としてくれるメラミンスポンジを使うことが多いです）。

心をこめて磨いていくと、こびりついていた汚れが落ちていきます。するとシンク全体が何だか光り輝いて見えてきて、「パーフェクトに達成した気分」を味わうことができるのです。

女性であればアクセサリー、男性であれば趣味の品を磨くのもお勧めです。

ストレスを感じたときほど「無心に磨く」

もう一つ、「磨く」というのは頭を使わない単純作業のため、脳内で思考を整理する効果も期待できます。

「仕事が忙しくて、なかなか片づけの時間がとれない」と言う人も少なくありません。けれど、朝から晩まで机に座り、延々と頭をひねっていれば、いい仕事ができるのでしょうか？

ストレスが溜まってモチベーションが上がらず、むしろ効率が悪くなる人が、ほとんどだと思います。

実はアイデアを出す仕事をしている人の中には、**「ひらめきが欲しいときには、そうじをする」**という人が結構います。実際、ある女性の脚本家は、仕事がはかどらなくなったときは、黙々と台所のシンクを磨くそうです。

無心にシンクを磨いていると頭も心もスッキリし、気分がリセットできてアイデアが出やすくなるといいます。

これは気分転換に散歩やジョギングをするのと同じで、一つのことを集中して考えたあとに、まったく異質な〝頭を使わない時間〟をはさむと、脳内で思考が整理されるのでしょう。

そして、**「磨く」という行為は瞑想にも通じる**と私は思っています。

最近は「マインドフルネス」という言葉が流行していますが、これはまさに一つの動作に集中することでストレスを取り除き、頭の中を整理すること。仕事にもいい効果をもたらすという理由から、最近はグーグルなどもマインドフルネスを社員教育に取り入れています。

でも、わざわざ瞑想の時間をとらなくても、「汚れているものを一つ取り出して磨く」ことで、同じ効果が期待できるのです。

大切なものがきれいになり、心まで整っていくのですから、一石二鳥ですね。

③ 定位置を決めて戻し、その状態をキープする
「循環させる」と人も運も活性化！

三つのステップの最後は、**定位置を決めて**「**戻す**」です。でも、そこで終わりではありません。その状態をキープするために、「片づけ」を習慣化し、**自分にとって快適な状態を維持していく**ことが大切です。

私はそれを「**循環させる**」と呼んでいます。

「循環」という言葉を使うのは、〝開運〟にも関わる、深い意味があるからです。

そもそも自然界では、あらゆるものが循環しています。人間の体も然《しか》りです。血液の流れや新陳代謝が止まれば、それは命の終わりを意味します。

部屋もまったく同じで、一度きれいに片づけたとしても、放っておけばやがて

ものが散乱し始め、埃は溜まっていき、片づける前の状態に戻っていきます。また、きちんと片づけをしていたとしても、長く使っていれば、ものは古くなります。

だから、**片づけは「定期的に行なう」必要があり、古くなったものは処分して、新しく買い替える――つまり「循環させる」必要がある**わけです。

「手放す」から「新しいもの」が入ってくる

「循環」を起こすには、「不要なものを手放す」ことが必要です。

「部屋のスペース」には限りがあるのですから、不要なものを手放さなければ新しい「いいもの」は入れられません。

「捨てられないから」とものを溜め込んでいると、「いい気」も循環しないのです。

自分のステージを上げるためにも、自然の流れに従って「もう必要のないも

の」「役目を終えたもの」は処分していくことが理想的です。

たとえば本に関して言うなら、私の場合はよっぽどでなければ、読み終えた本は人にあげるなどして手放しています。

特に「いいな」という本ほど、できるだけ手放してしまいたい。というのも、誰かに読んでもらうことで、「いいな」と感動する人がそれだけ増えるからです。

それでも、もう一度、読みたくなったらどうするのか？

そのときは、再び買えばいいのです。実際、私は『誰でもできるけれど、ごくわずかな人しか実行していない成功の法則』（ジム・ドノヴァン、桜田直美訳、ディスカヴァー・トゥエンティワン）という本を何度も購入して読み返し、その都度、親しい人にあげています。

「思い出のもの」の処分は新しい自分に脱皮できるチャンス

もちろん、自己確認するために、思い出の品を持っておくのも、悪いことではありません。

ただ、大切なものでも、人はそうたくさんのものをいつも意識していることはできません。

そして**「新しいものを受け入れよう」と思うとき、代償として「古いものを捨てる」ことは、自分の心に「変化のための準備」をさせるには効果的**なのです。

モチベーションも上がるし、新しいことへの興味も増すでしょう。

つまり、
何かを「処分しよう」と思ったときは、新しい自分に脱皮できるチャンスなのです。

その機会は、できるだけ生かしたほうがいいのではないでしょうか。

2 「片づけるといい気分！」を伝染させる人になる

「片づけることによって生まれる気持ちよさ」は、人から人へと伝染していきます。

たとえば、あなたがオフィスの机をきれいに片づけるようになり、それにともなって、イキイキと仕事をするようになったとします。するといつの間にか、隣の席の人も机をきれいに片づけるようになっていきます。

そして、まわりの環境がきれいになると、あなたも「片づけよう」「私も気持ちのいい空間にいたい」という意識がいっそう強くなるのです。

不思議なことですが、実際にそんな事例をいくつも見てきました。誰しも「気持ちのいい空間」を、「いいな」と思うものだからでしょう。

なぜ私は毎日、コンビニのトイレをそうじするのか

実は、私は**毎日の日課として、立ち寄ったコンビニなどのトイレに入ってそうじをする**ことを続けています。

もちろん、わざわざそうじ道具を持って入るわけではありません。たいていはそうじ用の洗剤が置いてあるので、それとトイレットペーパーを使って、便器や床を拭いているのです。

これは別に、何かを期待してやっているわけではなく、単に好きでやっていることです。店員さんに「そうじ、しておきました!」なんて言うこともありません。

ただ、「自分のそうじの当番だから」とトイレに入った店員さんは、驚くでし

ょう。もしかしたら不思議に思うかもしれません。

そして、何度かそうじをしたコンビニは、次に行くと、どういうわけかそうじをする必要がないくらい、トイレがきれいになっていたりします。「これがきれいな状態」という基準が上がるからかもしれません。

そんなときは、うれしい反面、ちょっと悔しい気持ちにもなって、今度は別のコンビニに行ってみたりしています。

片づけをしていると「人生は何倍もトク」になる!

これは、「片づけることによって生まれる気持ちよさ」の伝染そのものだと思います。

誰かが一つのトイレをきれいにすることで、それがコンビニ全体、ひょっとしたら街全体に広がることだって、あるかもしれないのです。

それって、ものすごくステキなことだと思いませんか?

「やっぱり、神さまは見てくれているんだな」と思うのは、そんなふうにトイレをきれいにしたコンビニでは、不思議と自分が出ている雑誌が置かれていること。

「あ！　あの雑誌が置かれている。トイレそうじのおかげかな？」

私がプラスに思い込んでいるだけなのでしょうが、こうしたことも自分が「楽しい気分」になっているから発見できるのだと思います。

他人にも自分にも〝うれしい連鎖〟を起こすのですから、片づけ好きになれば、人生は何倍もトクになるのです。

コラム

ピカピカの五円玉の力

私は「お金磨き」のワークショップを全国各地で開催しています。毎回、かなりの大人気で、リピーターの方が大勢います。

それは「お金を磨いて使う」ことを実践すると、気分もよくなるし、お金まわりもよくなっていくことを実感するからでしょう。

「磨く」という行為には、それだけ「すごい効果」があるのです。

ここではお金の中でも特に縁起がいいとされる「五円玉」の磨き方をご紹介します。

「磨くもの」として用意するのは、タバスコと歯磨き粉、歯ブラシ。「拭くもの」はタオルが理想的ですが、ボロ布でも構いません。

方法は簡単です。まず五円玉にタバスコをかけ、歯ブラシで磨きます。するとサビが落ちていきます。仕上げに、歯磨き粉を使って磨いてください。

やってみれば一目瞭然、「こんなきれいなお金、見たことがない！」と、驚くくらいピカピカになるはずです。


私は、磨いたお金を必ず一枚は財布に入れておき、神社などに寄ったら、お賽《さい》銭《せん》に使うことにしています。

実際、**「きれいなお金をお賽銭にすると、御利益《ごりやく》がある」**という話もあるそうですが、何より、そんなピカピカのお金をお賽銭箱に入れると、ものすごく気持ちがいいものです。


もちろん、何かを買うときに、磨いたお金を使っても構いません。その際は、十円玉や五十円玉、あるいは百円玉や五百円玉を同じように磨いてもいいでしょう。

たくさんの人の間を循環してきたお金を、感謝の気持ちを持って磨き、ピカピカになったそのお金を世の中に還元していく。

これは**「感謝の気持ち」を世の中に回していくこと**です。

お金は「感謝の気持ち」を表わす道具ですから、「ありがとう」の気持ちをこめて磨いたお金を使っていると、実際にうまくお金が循環し、自分の仕事が飛躍していくように感じます。

4章

一日五分の片づけで空間にはゆとり、心には余裕！

……こんな方法なら、楽しくてやみつきに！

1 小さく区切って、サクッときれいに！

前章では、片づける際の「三つのステップ」について説明しました。
①ものを出してふるい分け、②磨いて、③戻す（循環させる）
自宅の部屋、机や引き出しの中、あるいはオフィスのキャビネットでも、基本的にはこの三つのステップで、片づけはできます。

ただ、玄関、トイレ、お風呂、冷蔵庫、クローゼットなど、家の中のさまざまな場所に応じた〝片づけのコツ〟というのは、当然あります。

「ちょっと面倒だな」と思ってしまうこともあるかもしれませんが、「今日は、ここ」と、場所を小さく区切れば、その気になれば五分くらいで片づいてしまうこともあるのです。

まず「ものがないスペース」をつくる

「部屋を小さく区切る」とは言うものの、部屋が散らかっている場合は、まずそこを何とかしないと先に進みませんね。

散らかっている場所を片づけるとき、いちばん大切なのは、**「空間をつくる」**ことです。

たとえば書類が散乱しているなら、それを一カ所にまず集めてしまう。

あるいは、部屋にものがたくさん散らばっているなら、場所を決めて、一カ所に全部を集めてしまう。

そうすれば、部屋の中に**「ものがないスペース」**ができますよね。

とりあえずそのスッキリしたスペースを、フローリングであれば雑巾で磨いたり、じゅうたんであれば掃除機をかけたりしてください。

すると部屋に「きれいな場所」が、とりあえず部分的にでもできます。それだけで気持ちはとても、スッキリするものです。


今までは散らかり過ぎていて、なかなか手をつける気がしなかった。でも、一カ所だけでも「きれいな空間」ができれば、明らかに「今までより片づいた状態」に見えます。そうやって「成果がハッキリとわかる状態」にすれば、「片づけよう」という気持ちも高まっていくのです。

「きれいな空間」が目に見えて広がっていく快感

一日五分の片づけであれば、「ここまでで終了」で構いません。

次の日は、前章で述べた三ステップに従って、集めたスペースに積み上げたものを、一つひとつふるい分けて、しまっていきます。

積み上げたものを少しずつでも片づけていけば、「きれいな空間」は、目に見えて広がっていくでしょう。成果を目の当たりにするときっと楽しい気持ちになってくるはずです。この楽しさを知ると、片づけのペースは加速していきます。

「毎日片づけをしようとしても、三日坊主になってしまって……」

という方も、試しにやってみてください。「五分」と時間を区切ってしまえば、案外続けられるものです。

「一日五分」の波に乗ると、片づけのペースは加速していきます。

2 「空間のゆとり」が「心のゆとり」につながる

「空間をつくっていく」のは非常に大事なことです。たとえば机の上に書類が散乱している人は、まずブックスタンドのようなもので、それらを立てかけるようにしてみるのです。

カゴのようなものを用意すれば、その中に小物を入れることもできます。ペン立てを置いて筆記用具をまとめるのもいいと思います。

すると「空いたスペース」ができますから、「その部分を活用しよう」という考えが起こります。

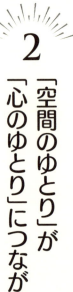

そこに三つのステップの「ふるい分け」と「磨く」というステップを加えれば、机の上の整理が完全にできてしまいます。

運気も〝ゆったりした空間〟から広がっていく

「空間がない」というのは、大きな工事車両が道を塞《ふさ》いでいたり、あるいは水道管にゴミが詰まっていたりするのと同じで「流れ」が完全に止まってしまっている状態だと私は思っています。

私は、スケジュール帳などにも、できるだけ空白をつくるようにしています。

言い換えれば、**「仕事や予定を詰め込みすぎない」**ということ。

スケジュール帳が空きだらけだと、稼ぎが少なくなると思って、不安になる人もいるかもしれません。

でも、スケジュールが詰まっていれば、何か緊急の案件ができたり、願ってもいなかったような大きなチャンスがやって来たりしたとき、思い通りに調整ができないように感じるのです。

満員電車など、身動きのとれない環境に押し込められると、ストレスを感じませんか？　反対に、空間でも時間でも〝ゆとり〟があれば、いつでもリラックスできますよね。

そして、足の踏み場がない部屋や、作業するスペースのほとんどないデスクは、気づかないうちに心に圧迫感を与えています。それが知らぬ間に自分の行動を制限し、精神的なストレスになっている部分も大きいと、カウンセリングの現場で私は痛感しています。

だからこそ、**まずは空間をつくって、心に余裕を与えてほしいのです。**

「運気」も、その空間から広がっていきます。

3 なぜ「最初に手をつけるべき」は玄関なのか

あなたが過ごす部屋に空間ができ、何となく自分の居場所が快適になったならば、いよいよ具体的な空間の整え方について考えていきましょう。

最初にとりかかりたいのは**「玄関」**です。なぜなら、玄関が快適な状態でなかったら、「自分の部屋に帰りたい」という気持ちが失せてしまいます。

外出するとき、自分が最後に目にするのは、玄関。仕事から疲れて帰ってきて、真っ先に自分を迎えてくれるのも玄関です。

家族のいる方であれば、「行ってきます」と声をかけるのは玄関。パートナーやお子さんがいる場合、玄関が惨憺《さんたん》たる状態になっていれば、見送っているときの気分はどうでしょうか。少なくとも晴れやかな気分では送り出せないのではないか、と思います。

片づけに苦手意識がある方も、「いつも玄関を通るついでに片づける」を習慣にすると、気楽に取り組めます。

「今度こそ、運動を習慣にする！」と意気込んでジムに入会したものの、結局通わなくなってしまうことはままあるものですが、「通勤のついでに、一駅分、毎朝歩く」ことにすると、無理なく自然に運動を続けられるケースが多いもの。

まずは玄関を整えることをお勧めする理由も、「ついで効果」を狙えるからです。

「靴がほとんど置かれていない」が理想形

玄関のスペースを占めるのは、当然「靴」になります。

そもそも玄関のスペースに、靴をどれくらい置いていますか。

私がカウンセリングに伺ったお宅の中には、一人暮らしなのに、大量の靴が玄関に並んでいることがあります。私が部屋に上がろうとしても、どこに靴を脱いでいいか、わからない……そんな玄関に遭遇することが少なくありません。

こんな方に限って、「彼氏、彼女ができない」「結婚したいんです」と悩んでいるのです。でも、これはおかしな話です。

靴に占領されて、他人が部屋に上がるのを拒否するような玄関になっていて、はたしてパートナーができるでしょうか？　むしろ自分の側に、「他人を自分の領域に受け入れる」心の準備ができていないのではないか……と、私などは考えてしまうのです。

つまり、**理想的な玄関とは、「靴がほとんど置かれていない」玄関。**

靴はすべて下駄箱に収納し、必要なときに出す。

ちょっと外に出るときに必要なサンダルくらいは、玄関に出ていてもよいかもしれません。

旅館や靴を脱いで入る居酒屋さんは、そういう玄関になっていますよね。**「人を迎える場所」という意識**が徹底されているからです。

「履かない靴」を処分する基準

では「靴が出ていない玄関」にするには、どうしたらいいか？

まずはすべての靴をいったん取り出して、「ふるい分ける」ことから始めます。

女性には、大量の靴を所有している方も多いでしょう。

でも、それらの靴は、今、履く機会があるのか。そして、今後も履く機会はやってくるでしょうか。

今後、履かない可能性が高いけれど、どうしても取っておきたい思い出のあるものは、新聞紙などに包んで段ボール箱に丁寧にしまう、というのもありかもしれません。

でも、ちょっと履いたけれど、足に合わなくてあまり出番のなかった靴。あるいは、色味やデザインが今の自分にふさわしくないと感じてしまう靴……。

それでも「高価だったし、どこかで履く機会があるかも」と、ずっと持ち続けている人もいます。けれど、それらを「履く機会」が訪れることは、現実にはまずありません。

ちなみに、靴を磨くのは結構な労力が必要ですが、一足一足丁寧に行ないたいもの。ですから、「とりあえずの片づけ」では、靴磨きは後回しにして構いません。

帰りたくなる「ピカピカの床」

靴の「ふるい分け」をすると、玄関にスペースが生まれているはず。すると、**「磨いてピカピカにしようかな」**という気持ちになってきませんか？

ごく普通の家やマンションであれば、玄関もそう広くはないでしょう。まず埃や泥をはき出し、お湯で絞った雑巾などで拭いていきます。

すると、**足下から清浄な空気が立ちのぼってくる**のを感じると思います。そして、もちろん玄関の床はピカピカになるはずです。

出かけるとき、帰ってくるとき、きれいに整えてある玄関を通るのは、本当に気持ちがいいものです。「行ってきます」「行ってらっしゃい」のやりとりは明るいものになるし、帰宅したときの「ほっ」とする感じもさらに増すと思います。

あとはお好みで、お花や、運気の上がりそうなものを置いてもいいでしょう。置くスペースがなければ、絵を飾ったりするのもいいかもしれません。

帰宅するたびに、気分が上がる、そして自分も家族もうれしくなるような玄関を、自由にアレンジしてみてください。

4 お風呂をきれいにすると「心の汚れ」もスッキリ！

もう一つ、「一日五分の片づけ習慣」を実践するときに、結構お勧めな場所が**お風呂**です。

お風呂って、シャンプーやボディソープ、そうじ用のスポンジなど、そもそも「置いてあるもの」が限られていますよね。だから、「ものがありすぎて片づけるのが途中でイヤになる」ということが少ないわけです。

もちろん、この場合も、いきなり「お風呂全体をきれいにしましょう」なんて言いませんので、ご安心ください。

お風呂でシャワーを浴びるついでに、気づいたところをサッと片づけたり、気になるところを磨いたりしてみてください。すると「こまめにそうじをする」という習慣がつきやすくなります。

それに、ゴシゴシと磨いたりしていると、いい運動になりますよね。

「何も考えずにきれいにする」ことのプラス効果

先日、ある方から聞いたのですが、運動って、「運」を「動かす」と書くように、開運につながるアクションなのだそうです。

でも、「確かにそうかも」と思います。片づかないときって、行動力がなくなっていたり、自分が望むことに対して起こすアクションが少なくなっていたりするからです。

そして、あれこれ動いている場合でも、「自分はこうしたい」と自分軸で動いているのではなくて、誰かの思惑を気にしながらのアクションだったりして、自分自身にエネルギーを使えていないことも多いのです。

実は、片づけという行動を通して憂うつな気分も改善していきます。自分にも、部屋にも「動き」が出ることで気持ちが変わっていき、その結果、気持ちが前向きになって、うつ状態が改善されるケースは意外と多いのです。

お風呂って、基本的に心と体をゆるめるところ、「頭を使わないスペース」ですよね。

禅などの修行で行なわれるそうじも、とにかく何も考えず「無心」に取り組むことが大切とされているようですが、**「何も考えずにお風呂をきれいにする」ことが習慣づくと、普段の行動力も高まり**ます。

「これがしたいな」とふと思ったら、パッと感覚で動けたりします。フットワークが軽くなって、思い立ったらすぐに行動に移せるようになるのです。

5 テーブル、机の上をいつもクリーンに保つコツ

ついつい散らかりがちなリビングやダイニングのテーブル。放っておくとすぐ資料が雑然と積み上がってしまう仕事机やオフィスのデスク。

テーブルやデスクが片づいた状態をキープするのにいちばん大切なのは、**机やテーブルに置くものの「定位置」を決める**ことです。

居間のテーブルの上には何もない、という方は少ないでしょう。テレビやクーラーのリモコンが乗っていたり、自分がいるときには必ずコーヒーカップやコースターが乗っていたりする方もいると思います。

自分の部屋の机にしろ、オフィスのデスクにしろ、さまざまなものが上に乗っていると思います。パソコンに、書類ケースに、ペン立てに、小物入れに、メモ帳に、時計に、携帯電話に……と。

机の上の片づけが苦手、すぐ散らかってしまう、という人は、実は、机の上に置くものの「定位置」が決まっていないのです。

「片づいた状態」をスマホで撮影しておく

大事なことは、一つひとつを片づける過程で、**「置く位置」を決めてしまうこと**です。

たとえばテレビのリモコンなどは、使うたびにあっちに行ったり、こっちに行ったりして、ときどき「どこに行ったかな?」と探す人も多いでしょう。

たった一つのものでも、それが「いつもの場所」になく、テーブルの上にあると、人は違和感を覚えます。それだけで何となく、「片づいていない」ような印象を持ってしまうのです。

「これは必ずここに置く」とハッキリと決めてしまい、使ったあとは必ずそこに置く。そうすれば片づけもラクだし、心も安定した状態になります。

それに「定位置」が決められていないと、つい、「空いているスペース」にものを置いてしまいがちです。片づかない状態は、こうしたルールの曖昧さから生まれることも多いのです。

机やテーブルをきれいにして、片づいた状態でものの「定位置」を決めたら、一度スマホで写真を撮っておくといいかもしれません。

もちろん、しっくりこなかったら、いくらでも変更してください。

「自分が気持ちのいい状態」を知っておくことは、片づいた状態を維持するコツでもあります。

6 洗面台の鏡と窓をキラリと光らせよう

自分の姿を映し出す**洗面台の鏡**や、**窓ガラス**などが、汚れて曇ってはいないでしょうか。

鏡が汚れていると、そこに映る自分の姿もボンヤリとします。

一日五分の片づけを習慣づける中で、「鏡を磨く日」「窓ガラスを磨く日」も、きちんとルーチンとして加えておきましょう。

鏡や窓は、磨いてみるとわかるのですが、実際には見た目以上に、汚れているものです。

お風呂場や洗面台の鏡であれば、埃に加え、水滴の跡やせっけんカス、手垢《てあか》などもついています。窓の外側も、砂埃や雨の水滴の跡など、かなりの汚れがこびりついています。

これらをしっかりと拭いてピカピカにすれば、部屋も心もち明るくなるはずです。

窓ガラスの汚れは外の光を遮断しているし、鏡も水滴や手垢が付着したままでは洗面所やバスルーム全体が暗くなります。

それらの汚れを取り去り、ピカピカに磨き上げれば、何だか〝**新鮮なエネルギー**〟**が入ってくる**ような気がして、心も前向きになるでしょう。

洗面台を「そこにいたくなる空間」に整える工夫

自分に自信のない人は、無意識のうちに「鏡に映る自分」を見ることを避ける傾向がありますが、洗面台の鏡の前に立つことが楽しくなるよう、その場を快適に演出してみてはどうでしょうか。

まず、歯ブラシや歯磨き粉などのトゥースケア用品とか、ヘアケア用品や化粧品は、できれば出しっ放しにしないほうが見た目にきれいでしょう。

収納スペースがなければ出しておくしかありませんが、整理し、なるべくコンパクトにまとめて「何もない空間」を広くとりたいものです。

そのうえで花や観葉植物、アロマグッズなどを置いてみると、身じたくをしているときに、とても「いい気分」になると思います。


洗面台を「そこにいたくなる空間」に整えることで、必然的に鏡の前にいる時間も増え、洗顔やメイクなども落ち着いてできるようになります。

自分の姿を見る時間が増えれば増えるほど、人は自分のことを好きになるものです。そのためにはまずはしっかり、自分の「ありのまま」の姿がきれいに映るようにしておくことです。

7 「トイレをきれいに」で運気は本当に上がる！

「トイレそうじを続けていたら、仕事がうまくいった」

「トイレをきれいにしていたら、お金が入ってきた」

そんな話をあなたも聞いたことがあるでしょう。


私自身も、かつてコールセンターで働いていたとき、すすんでトイレそうじを引き受けていました。すると意図していなかったのに、**営業成績が全国でいちばんになってしまった**のです！

同じようなことは、大勢の成功者さんがエピソードとして紹介しています。

確かにトイレには、その昔から「烏枢沙摩明王《うすさまみょうおう》」という火の神さまが宿っていると言われ、「そうじをすると、いいことがある」と信じられてきました。

けれどもより具体的に、**「皆がそうじするのを嫌がる場所を、率先してきれいにしよう」という心がけを持つ人であれば、仕事でもなんでも、「いい結果」が出せる**のかな、と思います。

神さまのおかげでなくても、そういう「心がけ」って、周囲の人は感じるものなんですよね。それに、そういう心がけのある人は、多少の困難があっても、めげずに乗り越えていけると思います。

トイレがきれいになると、私たちの「考え方」も変わります。私のクライアントさんに、**「トイレをきれいにしておく習慣をつけたら、結婚できた」**という方がいます。

今までなぜ結婚できなかったかというと、男性に対して心のどこかで「汚いもの」という印象を持っていたそうなのです。

でも、トイレを積極的にきれいにすることで、「汚いもの」が自分の中に受け入れられるようになった。だから、男性に対しても苦手意識を持たず、心を開いて、積極的に近づけるようになったのでしょう。

もちろん「トイレがきれいになる」ことで、「いつ家にお客さんが来ても大丈夫」という安心感も生まれます。

飲食店に入ると、トイレがかなり汚いところがありますが、当然ながらお客さんは離れていくでしょう。特に女性は、トイレが汚いお店には二度と行かないと思います。

逆にトイレがきれいなお店だと、ほっとしますし、「また来よう」という気持ちになるはずです。

〝心理的ハードル〟をどうクリアするか

「そうか、トイレはやっぱり開運の要《かなめ》か！　自分もきれいにするぞ」

そう意気込んだものの、実際にトイレを見たら、「これを全部きれいにするのか……」とひるんでしまう人は多いでしょう。

さして広い場所ではありませんが、きれいにしようと思うと、やはり心理的なハードルが高い場所であるのも事実。

でも、これも「すべてを一度にきれいにしよう」ではなく、「一カ所ずつきれいにしていこう」と考えればいいのです。

具体的には、次の四つのパーツで考えるようにしてみてください。

①便器の内側

②便器まわりと便座

③手洗い場やペーパーホルダーなど
④床と天井

〝一日五分〟であれば、それぞれを別の日にやってもいいと思います。ただし、やるからには徹底してやってください。

洗うのは内側から「えいやっ!」

いちばん汚く感じるのは、なんといっても便器の内側でしょう。でも、会社やコンビニのトイレをきれいにしようというのではありません。自分が普段使っているトイレなのです。ゴム手袋をはめてボロ雑巾などをつかみ、「えいやっ!」と手を突っ込んでしまえば、あとは磨いていくだけです。

特に便器のふち裏には、見えない汚れが溜まっているものです。すみずみまで、新品同様になるくらいを目指してきれいにしてみましょう。

この「便器の内側」を最初にやってしまえば、あとは抵抗感も少なくなります。便器の外側や便座も汚れているでしょう。便器の内側と同じように、細かいところまで丁寧に磨きます。

また、手洗い場、水道管、ペーパーホルダーなどには、細かい埃が溜まっているものです。普段、きれいにしている方でも、手洗い場などはおろそかにしがち。でも、便器がピカピカになると、こちらもスッキリさせないと、なんだか不釣り合いに思えてきます。「今まで見ていなかったところ」にまで気を配り、丁寧に汚れをとってしまいましょう。

ちなみに「トイレの床の磨き方」については、次項で紹介するやり方で、他の部屋と同様に丁寧に磨きましょう。

8

「床磨き」の気持ちよさがもたらす効果

「床磨き」は、気持ちの入れ方によって結果に「大きな差」が出る奥深いもの。

前述したとおり、私は毎朝、欠かさず行なっています。

フローリングの床などはモップなどですませることもできますが、私は**開運にには「雑巾を使った水拭き」が効く**と確信しています。

毎日、すべての床を磨ければ理想ですが、難しい人も多いと思いますので、床磨きも「分割」して取り組むことをお勧めしています。

そもそもマンションの部屋だと、フローリングの廊下や雑巾がけができる部分は少ないかもしれません。それでも、今日は廊下、明日はトイレ、その次はキッチン……と少しずつ取り組んでください。一つの部屋が広ければ半分ずつでも構いません。

最初に、無理せず取り組める時間を決め、「その時間でできる範囲」を磨けばいいのです。その代わり、そのスペースには汚れを残さないよう、丁寧に拭いてください。これなら、腰が痛くなることだってないと思います。

汚れのひどいところは「重曹」でピカピカに

雑巾がけの前には、「置いてあるものを片づける」ことを実践してください。雑巾がけをするスペースは、何も置いていない状態にするのが肝心です。それからフローリングの床であれば、最初に掃除機もかけましょう。こちらは「分割したスペースだけ」では効率が悪いので、廊下や部屋全体にかけること。

あとは簡単！　固く絞った雑巾で、丁寧に床を磨くだけです。

洗剤は特に必要ないと思いますが、長年の汚れがこびりついているのであれば、重曹を使うのもいいかもしれません。

なぜ「床磨き」を続けている女性は美しいのか

「床磨き」に丁寧に取り組むほどに、目に見えて部屋の空気感が変わります。だから、片づけのモチベーションを上げ、維持していくには、床磨きは最適のアクションです。気持ちが落ち込んでいるときにやれば、すぐに気分も明るくなります。

また、床磨きが習慣になると「細部」にまで目が行き届くようになり、これは毎日の生活にも大きく影響します。

実際、**「床磨きを続けている女性は美しくなっていく」**という印象を私は持っています。床の細かい部分にも目を行き届かせる習慣が、普段のメイクなどにも影響するからでしょうか。

また、気配りが細やかになったり、立ち居振る舞いが穏やかで洗練されたものになったりするなど、プラスの影響を与えることもあるようです。「細部」に敏感になることは、仕事、人間関係や恋愛にも、当然、プラスにはたらくと想像できます。

9 ここだけは整えておきたい「冷蔵庫」

片づけのアドバイスにお邪魔したとき、「よかったら見せていただけますか?」とお願いして拝見させてもらうようにしているのが「冷蔵庫」です。

というのも、冷蔵庫の中を見れば、だいたいその方の思考パターンや行動パターンが想像できるからです。

賞味期限切れのものや、特売品が多い。また、海外製の珍しい調味料や、オーガニックのように健康志向のものがかなりあるけれども、ほとんど使われていない、ということもあります。

たとえば「賞味期限切れのものがたくさんある」人は、たいてい古いものを捨てられません。そして、衝動買いをしやすく、ブームに流されやすい人でもあります。

さらに「冷蔵庫に何が入っているか」をしっかり把握している人もいれば、入っている食材をすっかり忘れている人もいます。

こうした傾向は、だいたい部屋の状態に反映されるし、もっと言えば、普段の生活にも反映されるものです。

冷蔵庫を見直していくことで、片づけに対する意識、そして人生も変えていくことができます。

〝賞味期限切れ〟の食材でいっぱいだった私の冷蔵庫

実は、私も片づけを仕事にする前、自分と最初に向き合ったのは「冷蔵庫を通して」でした。

「冷蔵庫を通して自分と向き合う」というのも不思議な話です。でも、安アパートで一人暮らしをしていたとき、冷蔵庫の中のものを一つひとつ見てみると、自分の「イヤな部分」に気づきました。

当時は自炊をしていたのですが、中のものを調べると、まず賞味期限切れのものがたくさんありました。そして買っていたものといえば、安売りで半額になっているものや、タイムサービス品など。

結局、私の買い物の基準は、「安い」だけだったのです。

もちろん必要な食材を吟味して、安いものを買うのは生活の知恵でしょう。でも、賞味期限切れのものが大量にあるのは、「必要のないもの」でも「安い」という理由で購入しているから。それならば、高いものを少量買っても、使うお金は同じです。

ようするに私は、「お金がない」という理由で、自分の選択肢を制限していたわけです。その意識は、仕事、生活など、あらゆる部分に規制をかけていたのでしょう。おそらく恋人にも、ずいぶんストレスをかけていたことと思います。

それに気づいてからの私は、買い物するときの基準を「値段」ではなく、「自分がよいと思ったもの」に変えました。

もちろん、それは「贅沢《ぜいたく》をする」ということではなく、買い物に出かける前につくる料理を決めて、「今日は豚肉がメインだから、国産の少しいいものを購入するか」などと選んでいくということです。

つまり、「自分は何を欲しているのか」、心の声を聞くようにしたわけです。これによって少しずつ、考え方が変わっていきました。

このように**「冷蔵庫の中身には、その人の思考パターンや行動パターンが如実に表われてしまう」**のです。あなたの冷蔵庫は、今、どんなものが入っているでしょうか。そこを知ることで自分自身を変えるヒントを見つけることができます。

10 「クローゼット」は「自分はどうありたいか」とつながっている

女性の場合は特に、**「クローゼットの中」**が、心の状態を大きく反映していることが多いものです。

実際、服というのは、「自己表現」の大きな手段になります。そして女性の場合、そんな自己表現のバリエーションが男性よりも、ずっと多い。だから、自分の軸を知り、どう表現していくかが定まっていないと、「クローゼットに大量の服が死蔵されている」という状態が生まれるのです。

以前、部屋の他の部分はきれいに片づいているのに、「なぜかクローゼットの中だけは整理できない」という女性占い師の方から相談を受けました。

「なんでなのかな？」と、さっそくクローゼットの中を見せてもらったのですが、占い師として独立する前は公務員をしていたそうで、クローゼットの中には当時の服がズラリと並んでいたのです。

「今は着ていないのだから、もう必要ないのではありませんか？」

と尋ねると、「公務員のときの仕事が嫌いではなかったし、収入も非常に安定していた」とのこと。そして、

「今は、昔からの夢を叶えて占い師になる勉強をして独立したけれど、やはり収入には不安なところがある」

「公務員に戻ることは簡単ではないが、その当時の服があれば、『逃げ場』があるように思えて安心する……」

と本心を打ち明けてくれました。

確かに、それらの服があることで気持ちが安定するのであれば、残しておくのも一つの方法ではあるのでしょう。

ただ、「占い師としての自分」にもっと自信を持てれば、過去の自分を振り返ることもなくなるわけです。「占い師になった自分」と「公務員時代の自分」を比較して、今の自分を責めていれば、自信を失っていく悪循環になります。

「これらの服、捨てなくてもいいですから、割合を変えていきませんか?」

私が提案したのは、八割方が公務員時代の服であるクローゼットの現状を変えること。

占い師として現在着ている服を手前に出し、公務員時代の服は一つひとつ検証して、着る可能性のあるものだけクローゼットに入れる。そして残りは捨てなくてもいいから、段ボールに入れてしまっておく……ということにしました。

結局、彼女は徐々に公務員時代の服を手放すようになり、最後にはすべての服を捨ててしまったそうです。

その結果、「もう公務員には戻らない」という覚悟ができたからでしょうか。仕事が次第に軌道に乗り、大勢のリピーターさんを抱え、占い師として活躍されるようになりました。

「自分が持っている服」の傾向からわかること

占い師さんの例でわかるように、**クローゼットというのは、「自分がどうありたいか」をそのまま映し出しています。**

そのクローゼットの中が「ごちゃごちゃしている」というのは、そもそも「自分はどうありたいか」がクリアになっていないということ。

そこには自分自身が抱えている問題の〝根っこ〟が隠れていることも多いのです。そして、片づけることで、その「根っこ」が見えてきます。

クローゼットの片づけもこれまでと同様、中に入っているものを、いったん全部出してしまい、一点一点、今の自分に必要か、どんなシチュエーションで着ているかチェックします。そのうえで、「自分が持っている服」の傾向を探ってみることも必要です。

たとえば「結婚ができない」という悩みを抱えている女性のクローゼットを見せていただくと、黒系統の服の割合が多い傾向があるのです。

黒は確かに「痩《や》せて見える」という効果もありますが、まわりの人をはねつける「防護色」でもあります。

心理学的に分析するなら、「パートナーが欲しい」と言いながら、実際のところは人間関係が苦手で、潜在意識では他人を近くに寄せつけないようにしていると考えられるわけです。

そういう方のクローゼットを見たとき、黒やネイビーの服が大量にある中で、一点くらいピンクのものがあったりすると、私はむしろその服を褒《ほ》めるようにしています。

「このピンクのお洋服、可愛らしいですね。お似合いだと思いますよ」

そう言っておけば服を整理するとき、「明るい色の服は残しておこうかな」という意識が働きます。

前にネイビーのガチッとした服をたくさん持っている、キャリアウーマンの女性の片づけを手伝ったときです。

彼女は非常に気が強く、攻撃的なところもあったのですが、「そういう自分を変えたい」と話されていたので、古くなったネイビーの服を処分し、明るい色の服を増やしていくことを提案しました。

すると、しばらくしてから「人とのコミュニケーションが変わってきた」との報告をメールでいただきました。この方のように**「クローゼットの中身」を変えることで、「自分自身のあり方」を変えることは可能**なのです。

5章

自分の部屋が「パワースポット」に！

……「神さまのご加護」を365日いただく
とっておきのコツ

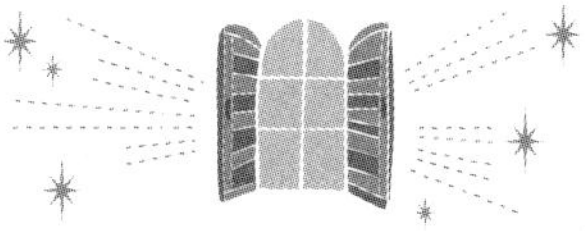

1 「きれいだから、いい」という単純な話ではありません

私たちが心地よいと感じるのは、一体どんな部屋でしょう。

それは決して「きれいな部屋」とは、限りません。

それは、**あなたが満たされる部屋**です。

そこで起こるあらゆることが、あなたにとってうれしいことであり、あなたを幸せにしてくれるような部屋。

外でつらいことがあったときは、あなたの心を癒し、また、あなたの大切な人がそこを訪れる際は「また来たいな」と思わせるよう、あなたの優秀な営業役に

なってくれる部屋です。

そのためには、まず「片づけ」を通して、自分自身と向き合わなければいけません。

「片づけ」によって自分を知ると、何より自分が満たされていきます。

でも、「自分自身と向き合うこと」を意識していないので、見た目にはきれいに片づいているものの居心地の悪い部屋の中で、偽りの自分を演じてしまう人も少なくないのです。

〝整理整頓は完璧〟でも息苦しい空間

部屋ではありませんが、こんなことがありました。

ある中小企業の社長さんと話していたとき、デスクが散らかっている社員がいるので、「何とかしてほしいんだけど」と相談されたのです。

その際、私はこういうことを言いました。

「その人よりも、逆にデスクがきれいな人を気にかけてあげたほうが、いいかもしれないですよ」

デスクの上が散らかっている人は、案外、「ありのままの自分」を表に出し、「他人からどう見られても構わない」と開き直っているところがあります。つまり、メンタリティが強いことが多いのです。

ところが、一生懸命にがんばって、机の上も常に整理整頓して、隙がないようにしている人は、まわりの人に自分を合わせて、自分を抑え込んでいることがあります。

そのためストレスや、問題を抱えていることも多いのです。

その社長さんは、心当たりの社員がいたようで、一瞬考えたあと、こう言いました。

「いや、伊藤君。そういう社員はいるけど、すごく優秀で、こちらが何も言わなくても、いろいろ気を回してやってくれるから別に大丈夫なんだ……」

それでも私は、

「一回、飲みに行ったり、さりげなく近況などを聞いてみたりしたらどうですか?」

とアドバイスしました。

そして後に、私はその社長さんに、大変感謝されることになったのです。

「実は、例の整理整頓が完璧な社員、ちょうど会社を辞めるか辞めないか、悩んでいるところだったんだ……」

当人は社長の期待に応えたいと思いながらも、実はしんどい思いを抱えていたようです。

しかし、社長さんと腹を割って話す時間が持てたことで、自分の気持ちを吐き出すことができました。そして、仕事の内容を変更することで、会社は優秀な社員を失わずに済んだのです。

繰り返しますが、「部屋を整える」とは、「散らかっているから悪い」とか、「きれいだからいい」という単純な話ではありません。

環境を通して自分と向き合い、「自分が幸せになる生き方」を探索していく旅でもあるのです。

2 「神さまが祝福」してくれる部屋とは

あなたは「座敷わらし」という言葉を聞いたことがあるでしょうか？

座敷わらしは古くから日本で言い伝えられてきた、子どもの姿をした妖怪で、座敷わらしが部屋に住み着くと、そこで暮らしている人は、どんどん幸福になっていくと言われています。

私はまさに『座敷わらしに好かれる部屋、貧乏神が取りつく部屋』（WAVE出版）という本も書いているのですが、それは部屋の精のようなものと言えるかもしれませんし、**幸運をもたらしてくれる神さま**と考えてもいいのかもしれません。

その存在を信じるか、信じないかは、あなたの自由です。

ただ確かなことは、昔から日本では、

「部屋がいい状態であれば、そこにいる人がどんどん幸せになっていく」

と考えられてきたということです。

あなたが部屋を、自分にとって「いい状態」にしておけば、「いいこと」がどんどん起こっていきます。

逆に貧乏神がつくような「悪い状態」にすれば、運気はどんどん離れていってしまうでしょう。

大切なのは〝幸せエネルギー〟が充満していること

「いい状態か、悪い状態か」とは、「きれいか、きれいでないか」ということではありません。

「自分にとって満足できるか、できないか」「ありのままの自分でいられるか、そうでないか」といった**心理的な違い**なのです。

「ありのままの自分」でいられる部屋にいることで、あなたはどこへ行っても他人の意見に流されず、自分が本心から望む選択ができるようになっていきます。

すると、あなたが望む通りの結果がまわりに起きるようになって、どんどん幸せになっていきます。

しかし、自分の気持ちを置き去りにして「他人の基準」に合わせて部屋をつくったり、あるいは部屋を自分好みに整えることをせずにいたりすると、「ありのままの自分」ではいられません。

そうなると、何をするにも他人の言葉に流され、自分の意志が定まらず、ストレスをどんどん溜め込んでいってしまいます。

人生がうまくいかなくなるのは当然でしょう。

「自分にとって満足できる部屋」に整えていくと、自然と心に〝幸せエネルギー〟が充満していきます。

そして、**「すべては、この部屋から始まったんだな……」**と強い自信と感謝の気持ちが湧いてきます。

その気持ちに呼応するように、神さまが祝福してくれたり、座敷わらしが来てくれたりするようになります。

そうした「いい循環」をつくる第一歩が、一日五分から始める「片づけ」なのです。

3 「運気」は窓から入ってくる！

片づけが「開運」につながるのは、「片づけ」が習慣になると、自然に**「感謝できる人」**に変わっていくからです。

自分が使っている空間を日々、整え、自分の生活を支えてくれているものに意識的になり、大切に扱っていると、それらに自然と「ありがたいなぁ」という感謝の気持ちが湧き上がってきます。

それは「自分が生かされていることへの感謝」にも通じます。

もし神さまがいるなら、きっとこんなふうに素直な心の持ち主を応援してくれることでしょう。

それに神さまの力を考えなくても、「日々、まわりの人に感謝している人」と「不満やグチばかりの人、敵対心しかない人」とを比べれば、どちらの人に運が開けていくかは言うまでもないと思います。

今までグチっぽかった人も、人間関係で何だか知らないけれどトラブルが多かった人も、日々の「片づけ」を習慣づけることで、いつのまにか「感謝できる人」に変わっていています。

本当に、人生がガラリと好転しているのです。

〝龍神さま〟のご加護をいただいている話

ちょっと変な話に思うかもしれませんが、実は私は**〝龍神さま〟のご加護をいただいていると**言われたことがあります。

とはいえ、私は何か人には見えない存在が見えたり、感得できたりするわけではありません。

ただ、少し前に沖縄へ行ったとき、たまたまスピリチュアルな能力をお持ちの方とご縁があったのです。その方は私の顔を見るなり、開口一番、

「ものすごい青龍がついていますよ」

と、おっしゃいました。

何でもこの青龍は、富士山からエネルギーをもらっている、ということです。もし、この青龍が私に富士山のエネルギーをおすそ分けしてくれているのだとしたら、とてもありがたいことですよね。

これも「片づけ」の気持ちよさを多くの人にお伝えしている〝ご褒美《ほうび》〟かもしれない……とひそかに思っています。

ちなみに、**神さまや座敷わらしは、「窓」から入ってくる**と言われています。

ですから私は、毎朝必ずいちばんに窓を開けて、空気を入れ換えると共に「龍

神さまのエネルギー」をいただくイメージを持って一日をスタートさせています。

スピリチュアルな視点を外しても、新鮮な空気が循環していない状態は、体にも心にもよくないですよね。**外の空気が部屋に入って循環しないと、エネルギーは内側にこもってしまう**からです。

空気がよどんでいては気分も運も上がらない

実は片づけができない人の中には案外、「普段、ほとんど窓を開けない」という方が結構います。「物理的に窓が開けられない状態になっている」ということも少なくありません。

ワンルームマンションなどで、そもそも窓が少ないうえに、家具などが窓を塞いでしまっている、あるいは窓際に荷物などをたくさん置いてしまっている関係で、窓が開けにくくなっている……など。

さらに「開けられない」ことはないものの、積極的に「開けようとしない」方も多くいます。片づけていない部屋を誰かに見られたら恥ずかしい、という心配がはたらくからでしょうか。しかし、空気がよどんでいては、部屋の状態はますます悪くなってしまいます。

だから「窓を開けて、部屋に神さま（いい気）を招き入れる」という発想は正しいのです。

そのためにも、**いつ神さまがやってきても恥ずかしくない環境**をつくっていきませんか。

あなた自身が満足し、神さまにも自慢できる部屋になっていれば、特別なことをしなくても、ちゃんと神さまのほうから、幸運を持ってやってきてくれるのです。

4 自己流でOK！「神さまを歓迎するスペース」をつくる

せっかく神さまを招くのであれば、部屋にそのためのスペースもあると気分が盛り上がりますね。

特別な信仰心がないとしても、家に神棚や仏壇のある方は多いと思います。私も事務所には、神棚を置き、地域の神社である〝氏神さま〟と、伊勢神宮でいただいた外宮《げくう》と内宮《ないくう》の二枚のお札をお祀《まつ》りしています。

専門家の方に言わせれば、さまざまなしきたりや作法があるのでしょう。

ただ、私は**「神さまが部屋に来て喜んでくださるように」という自分の心の問題**だと理解していますから、厳格になる必要はないと思っています。

だから、とにかくお気に入りの神社で買ったお札やお守り、破魔矢《はまや》、あるいは酉《とり》の市《いち》で買う熊手などを神棚に置いてみるだけでもいいと思います。神棚がない方は、タンスの上をきれいにして、そこに置くというのでも構わないでしょう。

それらを中心にして、あとはお花や、あなたが「縁起がいい」と思うものを置けばいいのです。

たとえばクライアントさんの中には、「交通事故に遭ったとき、頑丈な車が自分を守ってくれた」ということで、その車のミニカーを神棚に飾っている人もいました。

正式な神棚ではなくても、**「大切なものを置いている場所」というのは、あなたにとって「神聖なスペース」**です。

そして「大切な場所だからきれいにしておく」という感覚で空間を整えていく

のは、**自分自身がその部屋の神さまだと思う**、ということでもあります。

神さまのための場を整えておくように、自分という大切な存在が、より心地よくその部屋の中で過ごしていけるように、気を配る。大切な自分のために、「自分が居心地のよい部屋」をつくるのです。

〝真っ先に片づける空間〟が生まれる効果

こうした「神聖なスペース」をつくることは、片づけにもプラスに働きます。というのも、「神聖なスペース」が散らかっていたり汚れたりしていては、あなた自身もイヤな気分になるでしょう。だから、そのスペースは、常にきれいに整えていようと心がけることになります。

さらに「神聖なスペース」の手前は、「神さまが来たときにお参りする場所」です。

当然、ここはきれいにして、何も置いていない状態にしておかなければいけません。

つまり、真っ先に片づける「空間」ができるわけです。

「片づけは空間を広げていく作業」と説明しましたが、どんなに部屋が散らかっても、この空間を見れば「他の部分も片づけよう」という気持ちになりやすいと思います。

そう考えると、部屋に神棚や仏壇を置くという発想は、とても合理的なんだなと気づきます。

日本人は、「運気が上がる部屋を、どのようにつくるか」を、長きにわたって考えてきたのかもしれませんね。

6章

「人生の模様替え」が開く あなたの未来

……「感謝の気持ち」が溢れたとき、
すべての光景が輝き出す

1 「人生で大切なこと」を教えてくれた不思議な少女

片づけは、**毎日の生活の〝ありがたみ〟**を教えてくれる。私がそう思うようになったエピソードがあります。

それは私がちょうど、「片づけ」の意味に気づいた頃の話です。

引っ越し業を生業《なりわい》にしていた当時の私の部屋は、お世辞にも〝片づいている〟とは言えませんでした。

何より私は、前述した通り「ものを捨てる」ことができなかった。

勉強のために買った教材、肉体改造のために買った健康器具、「安いから」という理由で買った、さまざまなもの。自分にも、自分の向かっている将来にも自信が持てないから、「手放す」ことができずにいた品々ばかりです。

自分に自信がないからこそ、あれこれ取り入れようとする。

何かを身につけることで、自信が持てる。もっと自分が成長すれば、自信が溢れてくるはずだ……。

それまでの自分は、「何かを得る」ことだけが大切なんだと思って行動してきたのです。

だからこそ「手放すこと」「シンプルに生きること」で、本当に自分の生き方に確信が持てるのか、自問自答する日々が続いていました。

からかわれても腹を立てず、落ち込まず

そんな折に、私は一人の少女と出会ったのです。

出会いは、ある裕福な家庭の引っ越しに携わったときでした。

その家には二人姉妹がいたのですが、お姉さんは高校生くらい。そして私に大きなきっかけを与えてくれた妹さんは、まだ中学生ぐらいの年齢です。

最初に私が二人に注目したのは、お姉さんのこんな言葉を聞いたとき。

「あんたは、ほんまにアホや」

「なんにも、できへんなぁ」

明らかにお姉さんは、妹のことをバカにしている様子。

「なんだか、ひどいお姉さんだな……」

私はちょっと不快な気持ちになりました。


でも、すぐにその理由はわかったのです。

実は妹さんは、いわゆる発達障害で、当時は学校にも行っていませんでした。

確かに一般の中学生と比べ、言葉遣いはかなり幼い感じがします。

一方でお姉さんは成績も優秀そうですから、ついつい、妹に心ない言葉をかけてしまうのでしょう。

気づくとお姉さんだけでなく、お母さんまでその子を「アホやなぁ～」なんて言っています。

「それにしても、あんな言い方をするなんて可哀そうだ」

私は内心、少し腹を立てていました。


ところがしばらくすると、一つの事実に気づきました。

さんざん、からかわれている妹さんが、腹を立てることも、落ち込むこともなく、ただニコニコしているのです。

「うち、アホやねん！」

否定するどころか、明るく肯定までしている……。

その笑顔を見て、私は少し自分が癒されるのを感じました。

「不思議な子だなぁ……」

彼女が私に大切なことを教えてくれたのは、そのあとのことです。

少女の口から出た「衝撃の一言」

その家の引っ越しには、二日間くらいを費やしました。

その間、学校に行っていない彼女はずっと家にいたのですが、いつもニコニコしています。

作業をしていた私も、だんだんと彼女と会話するようになり、次第に仲良くなっていきました。

誰より温かく、優しい笑顔。話せば話すほど、純粋な気持ちを持った女の子なんだなと思うようになります。

そして、作業の最終日です。深夜に差しかかろうとしていたとき、すべての工程が終了。あとは撤収するだけです。

具体的には、荷物に傷や汚れがつかないように張り巡らせていた「養生《ようじょう》」というものを、撤去する作業です。

もう夜の十一時になる頃。私を含め、作業員は皆、疲労感がいっぱいです。「あと一息だ」という気持ちで取り組んでいました。

そのとき、彼女が私たちのほうへ来て、何かを始めたのです。

そして、次に言った言葉に、私は衝撃を受けました。

「お兄ちゃん、私も手伝う！」

彼女は私たちを真似て、床に貼ってある養生テープを剝《は》がし始めたのです。

それを見ていたお母さんやお姉さんは、口を揃えて言いました。

「そんなん、やらんでええねん！　お金払ってるんやから、全部やってもらいっ！」

でも、女の子は言います。

「いいねん。うち、こんなんしかできへんから、手伝うわ。お兄ちゃんたち、ずっと仕事してくれてたし」

結局、彼女は養生テープを剝がす作業を、最後まで手伝ってくれたのです。

目の前の人に「自分ができることだけ」すればいい

私は、言葉にならないくらい感動していました。

その女の子がやってくれたことは、テープを剝がすという、誰でもできることです。

でも、その「誰でもできること」を、今までどんな現場に行っても、やろうとする人はいなかったのです。手伝ってくれたのは、その女の子が初めてでした。

もちろん、私たちは業者で、相手はお客さまなのですから、やる義理などまったくありません。本当であれば、お金をもらっている私たちがお断りするような行為です。

とはいえ、やっている私たちからすれば、こんなふうに「感謝の気持ち」を持って手伝おうとしてくれることが、どんなにうれしいか……。

家族からは、アホな子だとか、何にもできない子だと言われている女の子。自分でも、「アホやし、何にも取り柄がない」と言っている子。

そんな子が、笑顔で「片づけ」を手伝おうとしているのです。

「目の前の人に対して、自分ができることをする」

このシンプルなことの大切さを、そのとき私はやっと悟ったのです。

2 私が、いちばん「大きなギフト」をもらった瞬間

前項で紹介したエピソードで女の子がしてくれたこと。

それは、とてもシンプルなことでした。

疲れている私たちを見て、「テープを剝がす」という簡単なことを手伝ってくれただけです。

でも、私は彼女のその行動から、今まで感じたことのない感動を覚えました。

「自分ができる簡単なこと」をするだけで、人の記憶に一生焼きつくぐらいの感

動を与えることができる……。

それは自分に自信がないばかりに、「捨てられない」「手放せない」と悩んでいた私に、大きなヒントを与えてくれたのです。

「そうか。誰にでもできる、簡単なことをやればいいだけのことなんだ！」

別に、知識やもので武装する必要なんかない。ただ、目の前の人に対して、自分ができることをシンプルにやるだけ……。

すべての作業が終わったとき、私は女の子に感謝を伝えました。

「最後まで手伝ってくれて、ありがとう。びっくりしたわ！　ほんますごいなぁ！」

そう言うと、女の子はこう返してきました。

「大げさやなぁ。テープ剝がしただけやん。こんなん誰でもできるし」

私はまた、言いました。

「誰でもできることやけど、やってくれたんは君が初めてやわ。ほんま、ありがとう……」

「変なのー。こんなんやって褒められたことないわぁ。お兄ちゃん、変やなぁ」

そう言いながら、彼女は恥ずかしそうに笑っていました。

「もっとお金を稼ぎたい」気持ちの底にあったもの

その現場はおそらく、私が経験した「いちばんキツい現場」だったと思います。

けれども、**「いちばん大きなギフトをもらった現場」**でもありました。

そして、この現場を終えてから、私はそれまでの自分の行動を省みることにしたのです。

何も特別なことでなくてもいい。ただ、人のために、「自分が今できること」を実行すればいいのではないか。

このとき「成功したい」「もっとお金を稼ぎたい」といった、自信のない自分を打ち消すための努力に、一切の興味がなくなりました。

その代わり、「今できること」を精一杯やって、人の役に立とうと決めたのです。

「今できること」といえば、当時やっていた「心理学」の勉強、そして「片づけ」。ならば、それを皆に伝えていこう……。

こうした経験を重ね、空間心理カウンセラーとしての今日の私があるのです。

3 「先送り」にしてきたことと向き合う

片づけを通して、人の「思い」を知る。

今の仕事をやろうと決意した頃に、私はその大切さを実感しました。それはほかならぬ〝実家〟でのこと。自分が住んでいたマンションの部屋ではなく、両親が住んでいる家でのことです。

私は両親との関係が、あまり良好ではありませんでした。

両親は経済的にうまくいっていなかったこともあって、借金を抱え、苦しい毎日が続いていました。私はそんな苦労も知らず、親に対して不信感を持ち、ケンカも絶えない日々だったのです。

離れて暮らすようになると、親とコミュニケーションをとる機会は、ほとんどなくなりました。

時が経つにつれて、だんだん気持ちも変化し、「親孝行の一つもできたらいいな」とは思います。でも、「自分がもっと立派になったら、何か買ってあげようか」と当てもなく考えるくらいで、具体的な行動を起こすことはありませんでした。

親に対して何かをすることは、私にとって「先送りにしている課題」だったのです。

これまで避けてきた〝両親との関係〟

そんな矢先、私は一人の少女に出会いました。

引っ越しの作業を手伝ってくれた、発達障害の女の子です。

この女の子は私に、大切なことを教えてくれました。

「自分にできることを、シンプルにやればいいんだ……」と。

そこで私は、自分の両親と向き合ってみることにしたのです。

今までわかっていながら、避けていたこと。でも、この女の子との出会いを通し、いてもたってもいられない感情に突き動かされました。

引っ越しの仕事が終わった翌日にはもう、私は一人暮らしをしていた場所から一時間くらいのところにある実家に向かう電車に乗っていたのです。家に着いたときは、もう夜の十一時頃。

両親はすでに寝ていて、私は持っていた鍵で開けて、久しぶりに実家の玄関をくぐりました。

「寝ているのを無理に起こすこともないな……」

ひとまず荷物を置いて、何か食事をしようと台所へ行きました。

その台所には、夕食に使ったのであろう洗い物が残っていました。

「疲れて寝てしまったんだろうな……」

私は、

「洗い物をすませておけば、明日の朝、親は少しラクができるかもしれない」

と思い、「片づけ」を始めることにしたのです。

「自分にできることを、シンプルにやればいいんだ……」と。

でも、この「片づけ」が私にとって、人生の重大な転機になったのです。

4 「自分のこと」しか考えていなかったために……

夜中に久しぶりで実家に帰ってくるやいなや、眠っている両親に何も知らせず、黙々と洗い物を始める……。

普通はありえないことでしょうが、そのときの私には、それが「今できるシンプルなこと」だったわけです。

そして洗い物とは、本書で述べてきた「磨く」という行動に等しいわけです。

食器の一つひとつを愛おしむ気持ちで洗っていると、過去の記憶が次々によみがえってきました。

昔の自分。昔の家庭環境。中学、高校の頃は、家でケンカばかり。私は常にイライラしていて、いつ家庭が崩壊してもおかしくないという状況でした。何もかも忘れられる唯一の時間は、大好きなバスケットボールをしているときだったことも思い出しました。

当時の私は、「なぜ、こんな家庭に生まれたんだろう」と、親を憎んですらいました。特に共働きで、夜遅くまで働いていた母親のことは、否定しかしていなかったのです。

「家事を何もしない！」

「それでも母親か!!」

「洗濯をやらないと、明日着ていくものがないやろ！」

そんなふうに母親を責めてばかりだった日々。

洗い物をしていると、当時の情景がありありと浮かんできます。

「なんで、こんな簡単なことも、やってこなかったんや」

そして私は、ふと、あることに気づいたのです。

「家事をしない」と、母親を責めていた日々。でも、今やっている洗い物をしていたのは、一体誰だったのか？

母親は遅くまで仕事をして帰ってきたあと、疲れた体で洗い物や家の片づけをずっとしていたのです。

ときには手を抜くこともあったかもしれない。朝起きたら、今日のように、まだ洗い物が残っている日もあったかもしれない。

それでも母親は、私のために、家族のために、完璧ではなかったとしても、片づけを続けていました。

一方で、そんな母を責めていた私は、何をしていたのか？

偉そうに不満をぶつけているだけで、何もやっていない。

自分がやれば済むことなのに、すべてを母親に押しつけていたのです。当時の私は自分のことしか考えることができず、親を責め続けていました。


「なんで……なんで、こんな簡単なことも、やってこなかったんや……」

気づくと私の頬《ほお》には、涙が伝わっていました。

止めどなく流れる涙は、もう抑えることができません。

洗い物をしながら、私はその場に泣き崩れてしまったのです。

5 「受け入れる」ことで、すべてが変わる

「母親が家事をするのは当たり前」というのは、その当時の一般論としては正しかったのでしょう。

けれども、その「正しさ」が人を傷つけることにもなるのです。

偉そうな言葉を言う前に、私は少しでも母親に寄り添ってあげればよかったのではないか。母親だって、そのほうがずっとうれしかったでしょう。

そして現在の自分は、何なのだろう？

私だって、育ててくれた親への感謝の気持ちがなかったわけではありません。

ただ、将来、自分の力で成功して、家庭も築いて、裕福な暮らしをして、立派な姿を見せれば、親孝行になると考えていたのです。金銭的に何かができれば、それでいいと思っていました。

でも、「本当に大切なこと」はそんなことではない。

今できる限りのことをして、相手に歩み寄るだけでよかったのです。

「ご縁のある方」との関係を何より大切に

このとき「今まで自分が追い求めていたこと」が、音を立てて崩れていきました。

それと同時に、自分の「心の壁」も崩れ去っていったのです。

ひとしきり涙したあと、真夜中の洗い物をすべて終え、両親の寝顔を見たとき、何とも言えない気持ちになりました。

そして私は、大きな決意をします。

「これからは、目の前にある、自分にできることだけに集中しよう！」

それからの私は、「ご縁があった方」を中心に、人間関係を大切にするようにしました。

もちろん、自分が持っている将来の夢や目標を、あきらめるということではありません。ただ、「今やっていること」が自分の夢につながっているようには思えなくても、とにかく目の前のことに集中しようと考えたのです。

「本当の自分の人生」が始まった瞬間

それと同時に、両親に対する意識も、一八〇度転換しました。

私はずっと、「親みたいな人間にはなりたくない」という意識で生きてきました。借金にまみれ、毎日ケンカばかりで、とても幸福とは思えません。

「誰も本気では信用しない。自分一人の力で人生を生きていく」

そう心に誓い、家族はもちろん、身近な友人にさえ、私は心をゆるすことをしませんでした。

「親の二の舞にはならない、将来は絶対に幸せな家庭を築いてみせる！」

お金に執着していたのは、そんな思いがあったからです。

でも結局は、親の嫌っていた部分を、そのまま踏襲するような人生を歩んできました。

給料のいい職種ばかりを選び、うまい話にはすぐ飛びついて、稼ぐどころか借金を抱えることになりました。ギャンブルでお金を取り戻そうとして、さらに借金を重ねることまでありました。

気づいてみたら、「いちばんなりたくない姿」に、私はどんどん近づきつつあったのです。

親と会わず、コミュニケーションをとろうとしなかったのも、それを認めざるをえなくなるのを恐れていたからでしょう。

けれども、**否定していた「親」を受け入れることで、私の人生は大きく変わっていった**のです。

というより、そのときが「本当の私の人生」の始まりでした。

6 親に歩み寄って話をしたから気づけたこと

親を受け入れてから、私は避けてきた親とのコミュニケーションも、少しずつとるようになっていきます。

今まで、まったくと言っていいほど話をしてこなかった親。歩み寄って話を聞いてみることで、意外な事実もたくさん見えてきました。

たとえば商売に失敗して、借金を抱えたときのこと。

私は、親が借金を抱えたことだけを責め、なぜそうなったかを考えたことはありませんでした。

実はお店自体は、とてもうまくいっていたのです。

でも、うまくいけば、まわりからいろいろな話を持ちかけられるようになります。身内からも「お金を工面してくれ」と頼まれ、借金をすることになりました。それを埋め合わせようと朝から晩まで忙しく働いていたのですが、問題が起こります。

当時まだ小学生だった私の面倒を見る時間がない……ということです。

結局、「今の生活は子どもの教育によくない」と、両親はお店をたたむことにしたそうです。

何も知らず、親の失敗を責めていた自分……。

でも、事実は失敗ではなく、私のことを思ってお店をたたんでいたのです。それを知って、私は愕然《がくぜん》としました。

心に突き刺さった「母の何気ない一言」

母からは、私が気持ち的に母親以上に遠ざけていた父の話も聞きました。

若い頃、つき合っていたときのこと、結婚する頃のこと、仕事を精力的にがんばっていたときのこと……。

そして気づいたのは、父の行動や性格が、あまりにも自分と似ていたことです。

そして母の一言が、さらに私の心に突き刺さりました。

「お父さんは、自分のことをあまり話さない。自分で抱え込むことが多いねん。話してくれたらいいのにな」

何気ない一言。

父の母に対する態度は、私が、当時は恋人だった妻に対する態度と、まったく同じだったのです。

私も彼女に、あまり自分のことを話していませんでした。当たりさわりのないことだけを話して、「いい人」の仮面をいつも被っていました。強がって、いいカッコして、偽りのプラス思考で、本当の自分を抑え込んでいたのです。

親と話をしたことが、「自分が抱えてきた大きな問題」に気づくきっかけになりました。

7 「カッコ悪い自分」を見せてもいい

私も父と同じで、大切な人に自分のことを話さず、いろいろなことを一人で抱え込んで生きていた……。

どうしてかといえば、自分の弱いところや、ダメなところをさらけ出すのが怖かったからです。

マイナスの部分を見せたら、嫌われるのではないか。カッコ悪いところを見せたら、幻滅されるのではないか……。心の中では、そう思ってきました。

やはり自分に自信がないことが、態度にもハッキリ表われていたのでしょう。

しかし、母を認め、また自分と似ていた父を受け入れたことで、明らかに私の振る舞い方も変わってきました。

当時、つき合っていた現在の妻と会って話すときには、自分の感情をすすんで出すことを心がけるようにしたのです。

「いやー、実は強がっていたけど、内心、弱い自分がおってん。なんか弱い自分を見せたら嫌われるような気がして、ええカッコばっかりしてたわ」

その頃、私のことを「サイボーグ」と呼んでいた妻ですので、最初は驚いていましたが、すぐに、

「そんなん、見てたらわかるわ。顔に出てるで」

と言われてしまいました。

彼女には最初から、私の欠点がありありと見えていたわけです。

「ありのまま」を認めると、こだわりを手放せる

そうして自分をさらけ出すうちに、だんだん彼女との関係も、元通りに修復されていきます。

住んでいた「部屋」にも、変化が出てきました。

なぜ、自分の弱さをさらけ出すことで、部屋に変化が出てきたのか？

それは、**「手放す」ことができるようになった**からです。

「どんな自分であってもいい」

そう思えたとき、私は自分に自信をつけるために取り入れていたものが、すべて「必要のないもの」に感じました。

だから、やっと本当の意味で「片づけ」ができるようになったのです。

私が今、仕事でやっていること。本書で述べた、「開運」の話。すべてはこの

ときに始まったのです。

ありのままの自分を素直に認め、そんな自分がいちばん喜ぶ部屋にしていく。あなたが変われば、部屋の様子はみるみる変わっていくし、部屋が変われば、あなたもみるみる変わっていきます。

片づけ——私の場合は「洗い物」でしたが——それを通して人は他人の「思い」に、そして自分の「思い」に気づくことができるのです。

8 人生を〝もっと気持ちよく輝かせる〟ために

子どもの頃の体験によって、「片づけること」に非常にネガティブな感情を抱いてしまっている人がいます。

実際に引っ越し業をしているときに、こんなことがありました。

荷物を出すために、息子さんが母親から「片づけをしなさい」と言われているのに、彼はまったく自分の部屋に手をつけようとしません。そこで私は、

「何でやらないの？」

と、母親がいないところで彼に聞きました。

するとこう言うのです。

「だって、『片づけしないと幸せになれないよ』ってお母さんが言うんだけど、お母さん、いっつもイライラしてるもん。全然幸せそうに見えないし……。それだったら、やらないほうがいいよね」

「片づいていく」のって、気持ちいい

「片づけないとダメ」。実際、そんなふうに言われて育った方は多いと思います。

片づけは「やらなければいけないこと」。だから、やる。そこには自分の意思など、まったくありません。

片づけをするときに、人は自分の気持ちを考えないし、「ものにこめられた思い」にも、「住んでいる部屋のありがたさ」にも気づかないのです。

私の娘は片づけが大好きなのですが、それは私が一緒に片づけをするとき、こういうことを言っているからだと思います。

「部屋がきれいになって、気持ちいいなぁ」

「片づいていくのって、楽しいなぁ」

つまり、片づけを娘に強要するのではなく、片づけをすると「自分が楽しい」ということを、ただ伝えるようにしているのです。

すると娘も、「そうか、片づけって、気持ちいいんだな」と、ごくごく自然に感じるようになります。

片づけとは「自分自身を磨く」こと

「片づけ」は、間違いなく気持ちのいいことです。

片づけることによって磨かれ、きれいになるのは、部屋やものだけではありません。

人の思いに気づき、自分の思いに気づき、余計なものを手放していくことで、ほかならぬ**自分自身がきれいになり、磨かれていく**のです。

快適な環境ができあがるうえ、神さまにも祝福されるのですから、これ以上に素晴らしいことはありませんね。

だからこそ、**片づけは「気持ちのいいこと」であり、自分自身を気持ちよくするためにやるのだと、ハッキリ認識してほしい**のです。

あなたも片づけながら、「気持ちいいなぁ」と、できれば声に出して言ってみてください。

片づけ終わったら、「すごい、こんなにきれいになった」と、気持ちよさを実感してください。

整った部屋は、あなた自身が、「自分で自分を変えられる」ことの証明にほかなりません。

考えてみれば、私自身も片づけができなかった人間であり、人生がダメになりかけていたのかもしれません。

でも、片づけることで確実に自分が変わりました。

片づけることで大切な人々の「思い」を知り、自分自身のことも認めることができました。

今は片づけを仕事にすることで、運が思いっきり開けてきています。

片づけは本当に、誰にでも、今すぐできる「簡単なこと」なのです。

ぜひ、今の自分の部屋から、気持ちよく自分の人生を輝かせる第一歩を踏み出してください。

終わりに……これだけはお伝えしたい「あなたへのメッセージ」

本書を最後まで読み進めていただき、ありがとうございます。

私は、「部屋のあり方」を通して自分を見つめることになり、そして両親との関係を見直すきっかけをつかむことができました。

今の自分があるのも、たくさんの経験を積み重ねてきたからこそ。いきなり現在の状況が現われたわけではありません。


最後に一つだけ、お伝えしておきたいことがあります。

それは、**否定から始めると必ず満たされない状態が続く**ということです。

私は、自分の過去を否定し続けていました。そして、自分の人生を否定して、「もっと違う人生」を歩もうとしていました。

でも、そんなときほど、人はうまくいかないサイクルに陥ってしまうのです。

今を否定するのではなく、「今の自分の人生」をまるごと受け入れていく。

そう思えたときから、人生の流れは大きく変わっていきました。

部屋には、自分の過去が表現されています。

さまざまな過去の積み重ねが、現在のあなたの部屋という形で現われているのです。

だからこそ、そんな部屋を大切に思ってください。

今の状況を変えようとするのではなく、「大切にする」ことから始めてみてください。

部屋を大切にすることが、あなたのこれまでの生き方を大切にすることにつながり、自分に自信を持つきっかけにもなっていきます。

人生を歩む中で、「最も必要な情報」というものが存在します。

それは、「勉強で得られる情報」でも、「成功するための情報」でも、「幸せになるための情報」でもありません。

人生において、最も必要な情報。

それは、**ほかでもない「自分自身の情報」**なのです。

部屋はあなたの情報を教えてくれる場所です。

何よりも大切な、あなたの情報を表現してくれている場所です。

そこに気づくことができれば、外からの情報を追い求める必要がないこともわかります。

そして、不思議と部屋の状態も改善されていくのです。

私は本書で、包み隠さず、自分の心の部分をさらけ出しました。そうすることが、あなたの心に溜まっているものを、少しでも吐き出すきっかけになればと願っているからです。

「ありのままのあなた」を表現して、そんな自分を大切にしてみましょう。

これからあなたの人生の流れが、どんどんよくなることをお祈りして、最後のメッセージとさせていただきます。

最後までお読みいただき、どうもありがとうございました。感謝します。

伊藤　勇司

本書は、ＳＥＩＫＯ出版より刊行された『人生の模様替え』を、文庫収録にあたり大幅に加筆・改筆・再編集のうえ、改題したものです。

空間心理《くうかんしんり》カウンセラーの
「いいこと」が次々《つぎつぎ》起《お》こる片《かた》づけの法則《ほうそく》

著者　伊藤勇司（いとう・ゆうじ）
発行者　押鐘太陽
発行所　株式会社三笠書房
〒102-0072 東京都千代田区飯田橋3-3-1
電話　03-5226-5734（営業部）03-5226-5731（編集部）
http://www.mikasashobo.co.jp
印刷　誠宏印刷
製本　ナショナル製本

 ISBN978-4-8379-6862-7 C0130

王様文庫

王様文庫

伊勢の陰陽師が教える「開運」の作法

一宮寿山

陰陽道、古神道の教えをベースに、心身を清らかに磨き、人生を楽しむ開運の作法を紹介。招福を叶える〈秘密の呪文〉と〈護符〉付き。◇満月の月光にさらした「塩」の効果　◇神社参りと同じ効果！「風の祓い」……「神様のご加護」をいただきながら、幸せ感たっぷりに生きるコツ満載！

神社で引き寄せ開運☆

白鳥詩子

うまくいく人ほど神社に行っている！　★あなたの人生を激変させる三柱の神々　★鳥居をくぐる―参道の右側から入るときは右足から！……〝神さまが喜ぶとっておきのお作法〟を完全紹介！　人気神社ガイドとしても話題の著者が選んだ全国おすすめ神社リストは必携です！

夜眠る前に読むと心が「ほっ」とする50の物語

西沢泰生

「幸せになる人」は、「幸せになる話」を知っている。　○看護師さんの優しい気づかい　○アガりまくった男を救ったひと言　○お父さんの「勇気あるノート」　○人が一番「カッコいい」瞬間……〝大切なこと〟を思い出させてくれる50のストーリー。

K30451